家族を笑顔にする パパ入門ガイド

プレパパ〜3歳児パパ

NPO法人
ファザーリング・ジャパン

池田書店

はじめに

笑っている父親が、日本の子育てを変える

最近は育児に積極的な男性が増えました。「イクメン」という言葉も定着し、自宅で赤ちゃんのケアをしているパパは多いことでしょう。しかし、父親も育児をするようになればいろいろなことで悩みます。育児というと、お風呂に入れたり、おむつを替えたり、夜寝かしつけたりという「お世話」を連想しがちです。もちろん、そうした子どもの世話を父親も母親と同じようにできることは大事ですが、この本では「笑っている父親になるための極意」を伝えたいと思います。

そういう私も20代の頃は好きな仕事に没頭していました。でも20年前に娘が生まれたとき、直感的に「育児って義務ではなく、楽しい権利なのではないか？」と思ったのです。子どものいる人生を目いっぱい楽しみたい。そのためにはまず「男は仕事。女が家事・育児」といった古い価値観を捨てる。意識改革、つまり自分の中のOS（オペレーティング・システム）を入れ替えねばと悟りました。意識のOSが入れ替わると、「仕事だけ」の生活から脱却でき、早く帰宅して育児のある生活を楽しめるようになりました。

今の子育て家庭を取り巻く多くの問題をみたとき、課題解決のキーパーソンは「父親」だと感じます。育児期の父親（男性）への指導や応援こそが、最大の母親支援・子育て支援になります。父親が子育てしやすい環境について、社会全体で見直さなければなりません。個人だけでなく社会OSを入れ替える必要があります。

育児に積極的な父親が増えれば、日本の子育ては大きく変わるでしょう。笑っている父親でいれば、夫婦のパートナーシップや子どもの自尊心が育ち、家族がともに成長できます。男性のみなさん、周囲に流されることなく、信念をもって、父親であることを楽しんでください。

NPO法人ファザーリング・ジャパン
ファウンダー／代表理事
安藤 哲也

CONTENTS

PART 1 パパにしかできない役割がある！

PART 2 チームで子育てをしよう

PART 3 パパになるための基礎知識

PART 4 パパになるための基本スキル

PART 5 パパ遊び

1 子どもと楽しんで遊ぶコツ …… 126
2 子どもが喜ぶ遊びのアイデア①おうち編 …… 128
3 子どもが喜ぶ遊びのアイデア②屋外編 …… 132
4 パパも絵本の読み聞かせをしよう …… 136
育児 プチ名言 子ども編 …… 140

PART 6 パパと仕事の両立テクニック

1 パパのワークライフバランス …… 142
2 育児にまつわる制度 …… 146
3 夫婦で考える育休戦略 …… 148
4 パパの職場での立ち回り方 …… 152
5 イクボスになろう …… 156
6 疲れたときのパパのストレス発散法 …… 158

この本に登場する家族

パパ

会社員。30歳代。素直で柔軟性があり、パパとしてぐんぐん成長中。でも、ちょっと鈍感なところも。

ママ

会社員。30歳代。育休中。この時期から子離れ後の飛躍を語るなど、夢想家・野心家の一面ももつ。

娘

鼻はパパ似、明るい性格はママ似。パパとお風呂に入ったり、外で肩車してもらったりするのが大好き。

妊娠〜出産〜3歳までに起こることがわかる

新米パパのためのスケジュール

START

ママ妊娠

- ママのつわりが起こる。ピークは3カ月頃
- 6カ月頃から胎動がわかる

この本でいうと
PART 2
2（P26） **3**（P30）

妊娠後期〜出産

- 胎動が減る。出産の準備が整ってくる
- トイレが近くなったり、腰痛などが起こったりする

1〜2カ月

- 夜間も含め、授乳、おむつ交換、沐浴などの世話が必要

この本でいうと
PART 4
2 3 4（P94-100）

首がすわる

3〜4カ月

- 首がすわり抱っこしやすくなる
- 夜泣き、寝ぐずりなどで手を焼くことも

離乳食開始

5〜6カ月

- すりつぶした状態のもの1さじから、離乳食を始める
- 風邪などにかかりやすくなる

この本でいうと
PART 4 **5**（P102）
PART 3 **6**（P76）

7〜8カ月

※発達には個人差があります

おすわり

○睡眠リズムが整い、夜はぐっすり眠るようになる
○おすわりができるようになる

9～10カ月

○離乳食が1日3回に。歯でものがかめるようになる
○よつばいやつかまり立ちなどをするようになる

一人で立つ

11～12カ月

○一人で立ったり、つたい歩きをするようになる
いたずらが増えるため、家の中の危険対策は万全にしておく

この本でいうと
PART 4 9（P118）

一人で歩く

1歳

○歩けるようになる
○幼児食に徐々に移行する

イヤイヤ期

2歳

○言葉が増え、簡単な物語を聞いたり、ママやパパを質問攻めにしたりする
○何にでも「イヤ！」と言う

3歳

○三輪車をこぐ、ボールを蹴るなどできることが増える
○慣れない環境でもパパ、ママから離れることができるようになる

To be Continued...

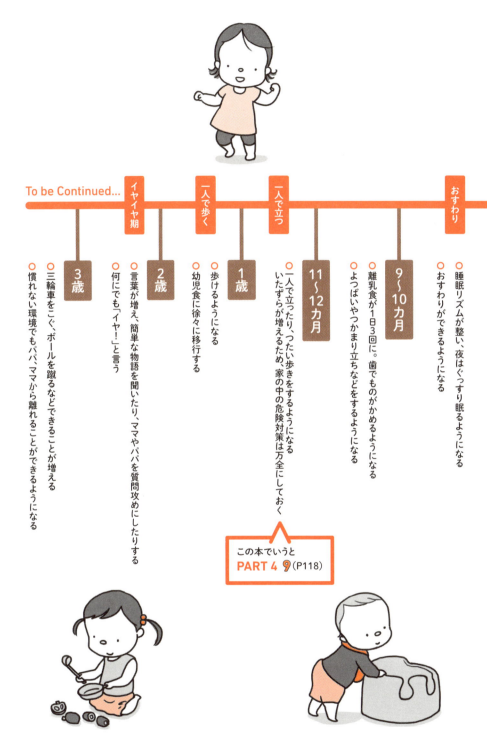

この本の使い方

この本は、日本最大級のパパ団体
「ファザーリング・ジャパン(以下FJ)」による、パパのための育児書です。
これからパパになる人、または3歳くらいまでの
子どもをもつパパに向けて書かれています。
子育ての知識やスキルに関する情報はもちろん、パパが一番戸惑う
産後不安定なママとのコミュニケーションのとり方や、
家庭と仕事をうまく両立させるコツなど、
「笑っているパパ」になるためのヒントが満載です。

四コママンガ

とある新米パパとママの子育て四コママンガ。

今回のポイント

このテーマで重要なことをひと言でまとめています。

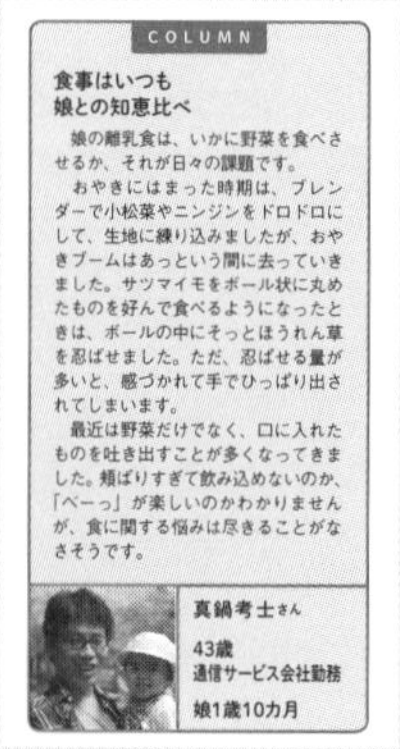

先輩パパ・ママの体験談

FJのパパやママたちから集めた体験談を紹介。子育てのカベの乗り越え方、ママともっと仲よくなる秘訣、家庭と仕事を両立させるコツなど、先輩パパから教わりましょう!

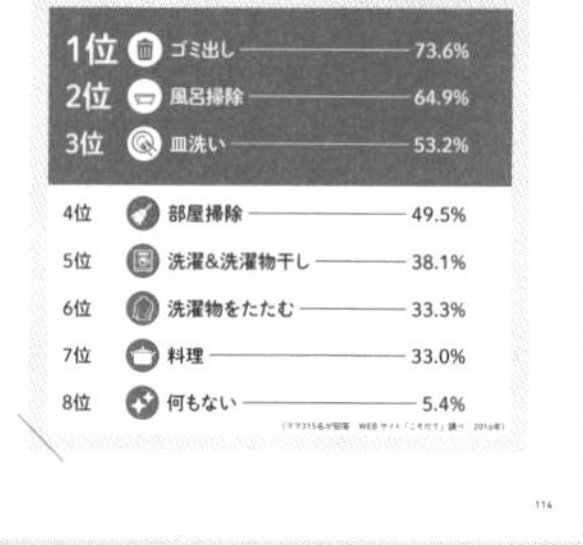

ママの視点から

夫婦2人だけのときとは違うママとの関係性に、悩んでいるパパも多いのでは。ママがパパに何を求めているのか、アンケートや体験談を交えて紹介。ママの本音がわかります。

PART 1

パパにしかできない役割がある！

子育ては期間限定の一大プロジェクト。
ママ任せにせず、パパも主体的に取り組まないともったいありません。
パパ育児を楽しむ極意を紹介します。

PART 1

1

パパが子育てに関わることの大切さ

いい父親ではなく
笑っている父親を
目指そう。

パパが「子育てに関わらない」という選択肢はない

実は、「お父さん、子育てに関わっていますか？」と問いかけるのは、とてもおかしなことなのです。ママに「子育てしていますか？」と尋ねることはしないですよね。「パパが子育てに関わることの大切さ」というテーマの裏には、「子育てに関わらない」という選択肢があるということなのです。

父親は稼いでくれれば、家族の責任を果たしていて、育児をしなくていい。そうした「男は仕事、女は家庭」の性別役割分業の価値観は、いまだ根強くあります。しかし、果たして昔からそ

1　子ども

ママだけではなくパパも子育てに関わることで、子どもの好奇心や価値観の幅が広がります。パパが子どもと遊ぶことで社会性も育まれます。海外では、父親の育児が子どもの非行防止につながるという研究結果も。

2　ママ（妻）

育児・家事をシェアすることで、ママの育児負担とストレスが軽減されて、より前向きな気持ちで子育てができるようになれます。ママの就労継続にもパパのサポートが欠かせません。女性の活躍促進は「夫の家庭進出」が鍵！

3　夫婦

パパの育児は、結婚満足度にポジティブな影響を与えます。特に乳幼児期は育児・家事の絶対量が増えるため、パパが育児・家事をすると夫婦満足度の向上に大きなメリットをもたらします。

パパが育児をするとどうなるの？
パパ育児の5乗メリット

4　パパ自身

パパの育児でメリットを最も享受できるのはパパ自身です。育児で視野が広がり、感受性が高まります。何よりのご褒美は、子どもから発せられる「パパ大好き！」の声です。

5　職場

育児を通してタイムマネジメントやコミュニケーション力といった、仕事に活きる力が磨かれます。育児中の社員への理解が深まり、同僚に感謝する気持ちが強くなります。

出典：石井クンツ昌子著『「育メン」現象の社会学』（ミネルヴァ書房、2013年）をもとに作成

うだったのでしょうか。

江戸時代は、むしろ父親が子育ての役割を果たしていたといわれています（太田素子著『江戸の親子　父親が子どもを育てた時代』吉川弘文館）。家の継承に重きをおいた江戸時代の社会では、父親が主体的に子育てに関わるべきとされていました。

社会環境の変化とともに、人々の生活スタイルや価値観も変わるもの。現在は共働き世帯が過半数であり、「共に働き、共に育てる」が自然なスタイルといえるでしょう。

パパが育児をすると「子ども×妻×夫婦×父親自身×職場」の5乗で効果がある（上図参照）という研究結果も。子どもはもちろん、家族みんなによい影響を与えるのです。

パパ育児のコツは楽しむこと

義務感で渋々と子育てをしているパ

PART 2
PART 3
PART 4
PART 5
PART 6

パパ育児を楽しむコツ

1　パパならではの育児を楽しむ

パパとママの子育ては違っていて構いません。父子でお出かけして、ちょっとした冒険を楽しんだり、子どもとバカバカしいことをして笑い合ったり。体を使った遊びなど、筋肉を使う子育ての技はパパの得意分野です。

2　パパ友をつくる

地域でパパ友をつくりましょう。お出かけ情報の共有や子育ての悩み相談など、子どもの話題で語り合えるパパ友ができると、パパの子育ての楽しみは倍増します。パパ友は利害関係のない異業種ネットワーク。パパ友との交流で子育ての気づきや共感が生まれ、自分自身の子育てへの意欲がさらに強まります。

パと、「子育ては楽しい！」と思いながら子どもと接するパパでは、子どもにとってどちらがうれしく、子どもの発達にいいか、それは明らかですよね。

子どもは一緒に遊んでくれるパパが大好きです。「うちの子はカワイイ！」とパパが（ママも）思っていると、子どもは「私は愛されている！」と感じ、自己肯定感が育まれます。自己肯定感の高い子どもは自分に自信をもつことができ、チャレンジする意欲が湧いてきます。

いい父親ではなくても構わないのです。「笑っているパパ」を目指しましょう。パパが（ママも）笑いながら生きている姿を見て、子どもは自分の将来に明るい希望を抱くでしょう。**いきいきと輝くパパの姿が、子どもへの何よりの贈り物です。**

そして、子どもはパパとママが仲よくしている姿を見るのが大好きです。夫婦ゲンカをすることもあると思いま

PART 1
パパにしかできない役割がある！

すが、必ず仲直りした姿を見せましょう。将来、子どもが大人になったとき、「私も結婚したい」「親になりたい」と思えるかどうかは、両親の関係性が最良のモデルとなります。

　昔は親の背中を見て子どもは育ったかもしれません。でも、現代のパパはわが子のおむつを替えながら、自身のオツム（考え方や生き方）を変えるのです。

3　世の中の見方を広げる

子どもが生まれると、ニュースの見え方が違ってきます。待機児童や児童虐待の問題も、当事者意識をもって捉えられるようになり、社会的関心が高まります。街を歩いていても、ベビーカーや抱っこ紐などの育児グッズに目がいくように。子どもが生まれる前は関心がなかった分野に興味をもつことで視野が広がり、人生が豊かになります。

4　パパスイッチを入れる

女性は妊娠するとつわりや胎動があり、出産を経て授乳しながら母親になっていきます。一方、男性にはそうした父親になるためのプログラムがありません。そのため、自ら育児に関わって体を動かし、心で感じながら、「自分はパパになった！」とスイッチを入れる必要があるのです。

パパデビュー

生まれて30数年
結婚して3年
いつかそんな日が来たらいいなと思いつつ
今はまだいいかと思っていたけれど
旅行
仕事
将来
ついにパパになった！
ふぎゃあ
元気な女の子ですよ
ちっちゃい
動いてる……！
ドキドキ
よもや自分の人生に
ミルクを買いに走る日がくるとは！
お、お願いします
……
いらっしゃいませー
MILK
うれしいけど ちょっとテレくさい

PART 1

2

パパ育児の楽しさとつらさ

子どもの成長にワクワクしよう！

子どもと一緒にパパも成長しよう！

子育ては大変という印象があるかもしれません。

でも、楽しいこともたくさんあります。赤ちゃんを新しい家族として迎えた感動と喜びは、他のどんなプレゼントにも勝るものです。

子育てをしていると、親が子どもを育てているようでいて、実は親自身が子どもに育てられていると感じることがあります。子育てによって意識と行動が変化し、子どもを通して人間関係が広がって、パパも成長することができるのです。

子どもの日々の成長を一緒に喜ぼう！

わが子の日々の成長を実感することが子育てを楽しむ第一歩です。

とりわけ、新生児や乳児の成長はめまぐるしいものがあります。**「生まれて初めて○○ができた！」と人生初体験の連続で、ワクワクします**。この楽しみをママに独り占めさせるなんてもったいない！　ママの方も一緒に喜びたいと思っているはずです。

子育て中、子どもの病気など壁にぶつかることもあります。でも、その壁を夫婦で力を合わせて乗り越えたときに得られる達成感は、スポーツやゲームよりもはるかに大きいです。

後に述べますが、子育てを楽しむ最大のコツは「チーム育児」を意識することです。

「ワンオペ育児」という言葉があります。従業員一人で、24時間営業のファストフード店を切り盛りする「ワンオペレーション」が語源で、夫婦のどちらかが家事・育児を一人で担うことを指します。ワンオペ状態が続くと、楽しさよりもしんどさが募ってしまいます。

子育てはつらいことや苦しいことも多いです。でも、そうした苦しさもひっくるめて、子育てを主体的に楽しめるといいですね。

知っておきたいパタニティブルー

症状

パパも、産後のママと同様に子育てで気分が落ち込んだり体調の悪さが続いたりすることがあり、これを「パタニティブルー」と言います。症状が出た場合は専門医にかかりましょう。

原因

生活の急激な変化

夫婦二人から赤ちゃん中心の生活へ変化したことに、パパが戸惑うケースがあります。妊娠中から心の準備をしているママに比べてある意味突然親になったパパの動揺は大きいのです。

対策　ママが妊娠中から両親学級などに参加して事前知識を得たり、先輩パパと情報共有したりして、子どもが生まれてからの生活を具体的にイメージしましょう。

仕事と育児の両立

「仕事もがんばりたい！　でも子育てもやらなければ」と奮闘して、すべてを完璧にこなそうと気負うあまり、心が折れてしまうことがあります。

対策　そのときどきで優先順位を考えながら、あきらめる部分は潔くあきらめることも大切です。パパの気持ちや考えをママに伝え、協力しながら乗り越えていきましょう。

パタニティブルーにならないためのポイント

1. **一人で抱え込まむと、身動きがとれなくなる。抱え込まずに周囲にヘルプを求める。**
2. **愚痴をこぼせる、相談できる相手を確保。**
3. **目標とする基準を高くしすぎない。「ま、いいか」を口癖に。**
4. **何より大切なのは休養と睡眠。しっかり休む。**

「子育て」という期間限定の一大プロジェクト

旅も楽しい経験に挙げられますが、**子育ては「アナザーワールドの旅」です**。赤ちゃんとの生活は、異文化の世界を旅するかのような、未知の体験の連続です。子どもが保育園・幼稚園に入園し、小学生になり、中学校に上がったりと、ステージが変わるたびに新しい世界を体験し、驚き、興味深いことも多いでしょう。

そんな変化に、最初は戸惑うかもしれません。しかし、旅と同様に、慣れるに従って徐々にコツをつかんでいくと、子育ては楽しくなってきます。

「今は仕事が大事だから、子育てはママに任せて……」と思っていると、子どもはあっという間に成長してしまいます。**子育ては人類の未来を育てる大事業です**。子育てという一大プロジェクトを、夫婦で楽しく乗り切りましょう。

ママの
視点から

パパにやってほしい子どもの世話

パパにしてほしい育児 1位は「遊び相手」

ママたちに聞いた「パパに日常的にしてほしい子どもの世話」は、1位が「遊び相手」でした。いつも仕事で帰りが遅いパパに対する**「もっと子どもと接してほしい」というママの切実な願いかもしれません**。

2位は「お風呂に入れる」でした。一人で子どもをお風呂に入れているママが多いのでしょうか。子どもと一緒に入ると、どうしても自分のことは二

パパに日常的にしてほしい子どもの世話は？

1位	遊び相手	84.1%
2位	お風呂に入れる	76.9%
3位	おむつ替え	61.1%
4位	寝かしつけ	57.2%
5位	着替え	51.5%
6位	絵本を読む	51.2%
7位	離乳食・幼児食を食べさせる	47.3%
8位	保育園・幼稚園の送迎	35.9%
9位	（ミルクの）授乳	22.5%
10位	離乳食・幼児食作り	16.8%
11位	ほとんど何もない	1.8%
その他		3.6%

（ママ315名が回答　WEBサイト「こそだて」調べ　2016年）

の次になりがちです。長風呂にならないよう、自分の体はどこを洗ったのかわからないほど高速ですませて、子どもを洗うママ。お風呂から上がったら、子どもが風邪をひかないように急いで着替えさせて、気がつけば自分はバスタオルを羽織っただけのほぼ全裸状態。「たまには一人でゆっくりお風呂につかりたい！」というママたちの心の叫びが聞こえてくるようです。

おむつ替えも「パパはうんちのときは替えてくれない」という声も聞きます。寝かしつけも、毎日とても時間がかかって大変という声も。

気になるのは最下位の「ほとんど何もない」という声です。いつもたくさんやってくれるから「何もない」ならいいのですが、そもそもパパに何も期待していないのでは？**「あなたには期待していないから何もやらなくていい」とならないように**、やはり、育児は日常的な関わりが大事ですね。

COLUMN

「責任」の分担で気持ちがラクに

息子が就学する前は、家事・育児に関するタスクを夫婦二人で分担していましたが、今は息子の親としての「責任」分担をパパにお願いしています。

息子は多動傾向があり、問題行動を起こすことがあります。先生との話し合い、ケンカをした相手方保護者への謝罪などが続き、心が折れそうに。「スマホの着信画面に小学校名が出るのが怖くて、スマホを携帯したくない」、そんな日もありました。

そこで、平日日中が多い小学校からの電話窓口をパパに交代。学校公開や保護者会などにも参加してもらうことにしました。これで、私の気持ちがスーッとラクになりました。宿題をみるなどの学習支援も、週末はパパに任せています。

長谷川泰子さん

40代
元会社広報

長男6歳

COLUMN

ママを笑顔にさせるためには「自立」と「気づき」が大事

3人家族となって約5年。いつしか、子どものことだけでなく、パパのことも、家のことも、予定を決めるのもぜーんぶママがやる、という意識がわが家には根づいてしまいました。

「ママに聞けばわかる」「ママがやってくれる」のが当たり前ではなく、「自分のことは自分でやる」「家のことも自分から動く」という、「自立」の気持ちを大切にしてもらえたらうれしいなと思います。

また、「手伝うことある？」と受動的な姿勢になりがちなパパ。仕事と同じように、全体を見渡し、「今やるべきことは何か」「何をやれるだろうか」と考えるクセをつけてほしい。自ら気づくことができるようになったら、ママの笑顔は増えると思います。

奥野依理子さん

42歳
通信建設会社勤務

長男5歳

育児 プチ名言 ～先輩パパ・ママ編～

子育ての先輩からの一言で、気が楽になったり励まされたりします。

"10出して1食べれば上等だよね"

子どもがごはんをなかなか食べないと保育園のパパ友に愚痴ったときに言われた言葉。他の家も同じ悩みがあるのだなと、ごはんを作る意欲が湧いた。

"寝たくなったら、寝るよ"

帰りが遅く、寝かしつけがいつも23時近くになってしまい、気にしていたときに先輩パパに言われた。少し気が楽に。

"合理的な説得をしても、子どもには通じないよ"

子どもに合理性を求めると余計に時間がかかる。大人の理屈は通じないもの、と児童館の職員さんから言われた言葉。

PART 2

チームで子育てをしよう

子育てには多くの人の協力が必要です。
ママとの連携はもちろん、祖父母にご近所さん、保育園や幼稚園の先生など。
コミュニケーションのコツを知り、よりよい関係を築いていきましょう。

PART 2

1

ワンオペ育児？夫婦の危機？イマドキ夫婦の現状

背景を知れば夫婦のモヤモヤが軽減される。

共働き世帯数と専業主婦世帯数の推移

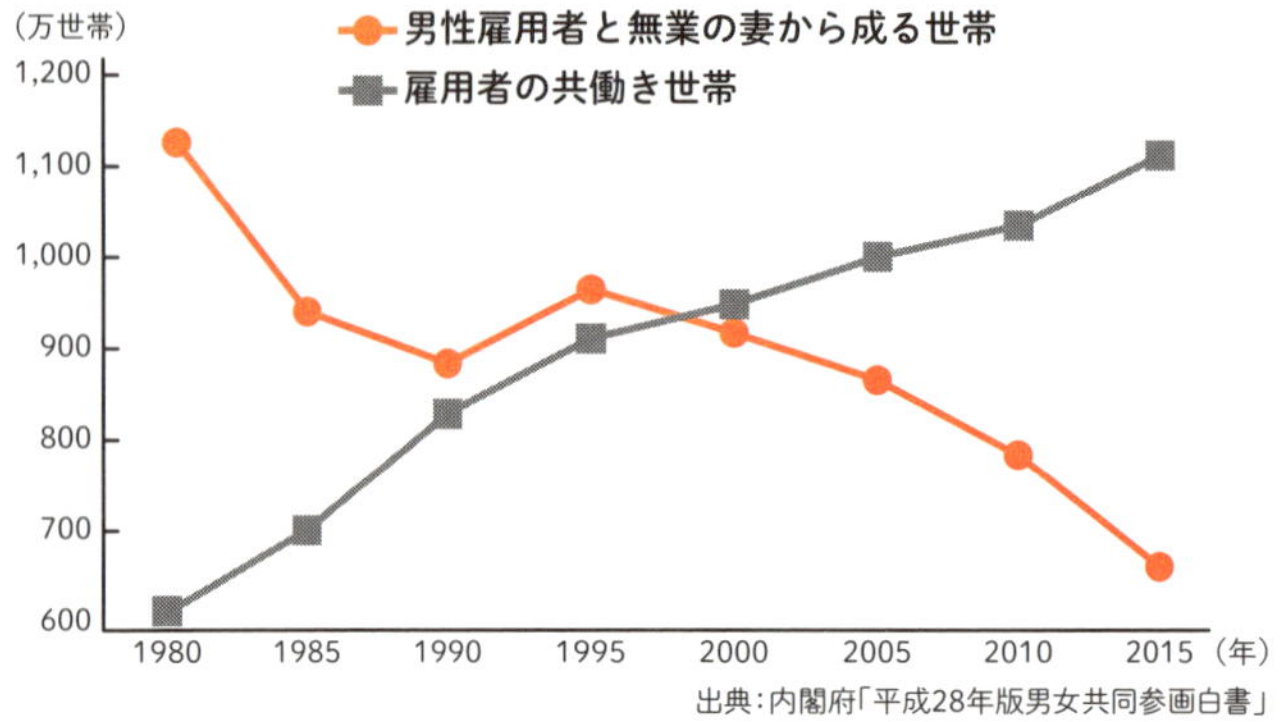

出典：内閣府「平成28年版男女共同参画白書」

ママのワンオペ育児は社会構造が原因？

ママのワンオペ育児が圧倒的に多いのが今の日本。ママのイライラの矛先はパパに向かいがちですが、その原因はパパではなく社会構造にあります。

共働き家庭がごく普通の生活スタイルになった今。内閣府の調査（上図参照）によると、２０１５年の共働き世帯数は全体の約６割、片働き世帯数は約４割。調査を始めた１９８０年の割合と完全に逆転しています。理由のひとつは家計モデルの変化です。不景気や雇用の不安、終身雇用の崩壊から、夫と妻の二人で家計を担う夫婦が増えています。職場での両立支援制度が充実し、出産後も働き続ける女性が増えたのも大きな理由でしょう。

しかし、制度が整っても育休を取得するのはママ、復帰後も時短勤務をするのはママが大多数。制度は男性も利用できるはずですが、風土がなかなか整わず、利用している人はわずか。「育児は夫婦二人で」と思っても、長時間労働も減らない中で、気がつけばママのワンオペ体制ができあがってしまっているのです。

妻の愛情キープの鍵は乳幼児期にあり！

出産後のママは、パパへの愛情が激

女性の愛情曲線

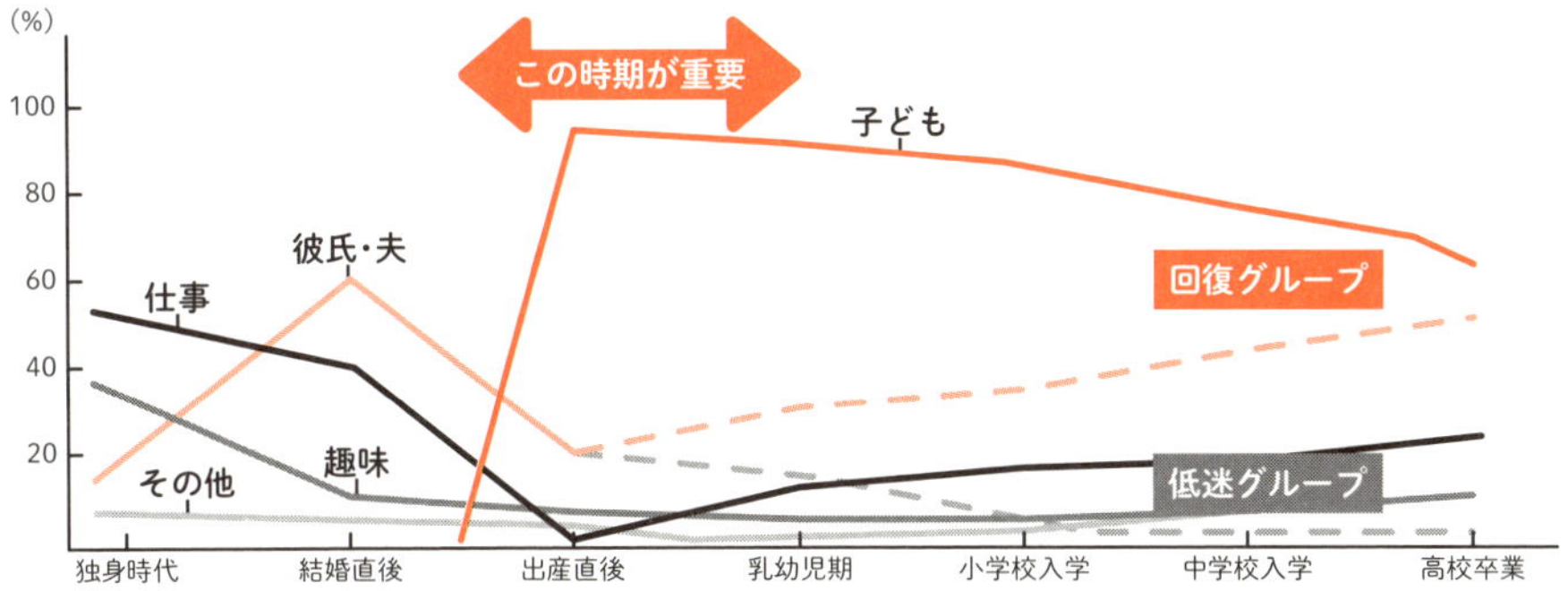

出典：東レ経営研究所 渥美由喜「夫婦の愛情曲線の変遷」（2002年）

減するという調査結果があります（上図参照）。しかし、子育てが一番大変な乳幼児期にパパがしっかりと育児に関わると、子どもの成長と共に愛情は回復します。一方、この時期子育てに関わらなかった場合、ママのパパへの愛情は低迷したまま。つまり、**「私が一番大変な時期に何もしてくれなかった」というママの恨みが一生続き**、パパへの愛情は回復しないということです。パパが乳幼児期の育児にどれくらい関わっていたかが鍵なのです。

子育ては山あり谷あり。大変なのは子どもが小さいときばかりではありません。成長するにつれて、学校や友だち、勉強のこと、さらに、思春期のモヤモヤや進路等、さまざまな課題が出てきます。そのため、パパとママで連携しながら子どもをサポートすることが必要です。でも、子どもが小さいときから育児に関わっていないと、お互いを信頼して連携することが難しくなってしまいます。また、親子間でも親の方が子どもと向き合う自信をもてなくなってしまいます。

忘れてはいけないのが、子育ては期間限定ということ。**子どもが成長した後に夫婦二人で過ごす時間の方が、子育ての期間より圧倒的に長い**のです。子育てを通して培った夫婦関係は、その後の長い夫婦の人生を豊かなものにしてくれます。夫婦の関係、親子の関係は一朝一夕ではつくれません。その全ての基盤となるのが乳幼児期の関わりなのです。

夫婦の主従関係が愛情にも影響？

育児期の夫婦関係に影響しているのが、家事・育児の役割分担が「主」であるか「従」であるかの違いです。幼児期の子どもをもつ夫婦に行った調査によると、常に自分が家事・育児の最終責任者であると感じている妻は、家

家族内のケアバランスの負担割合

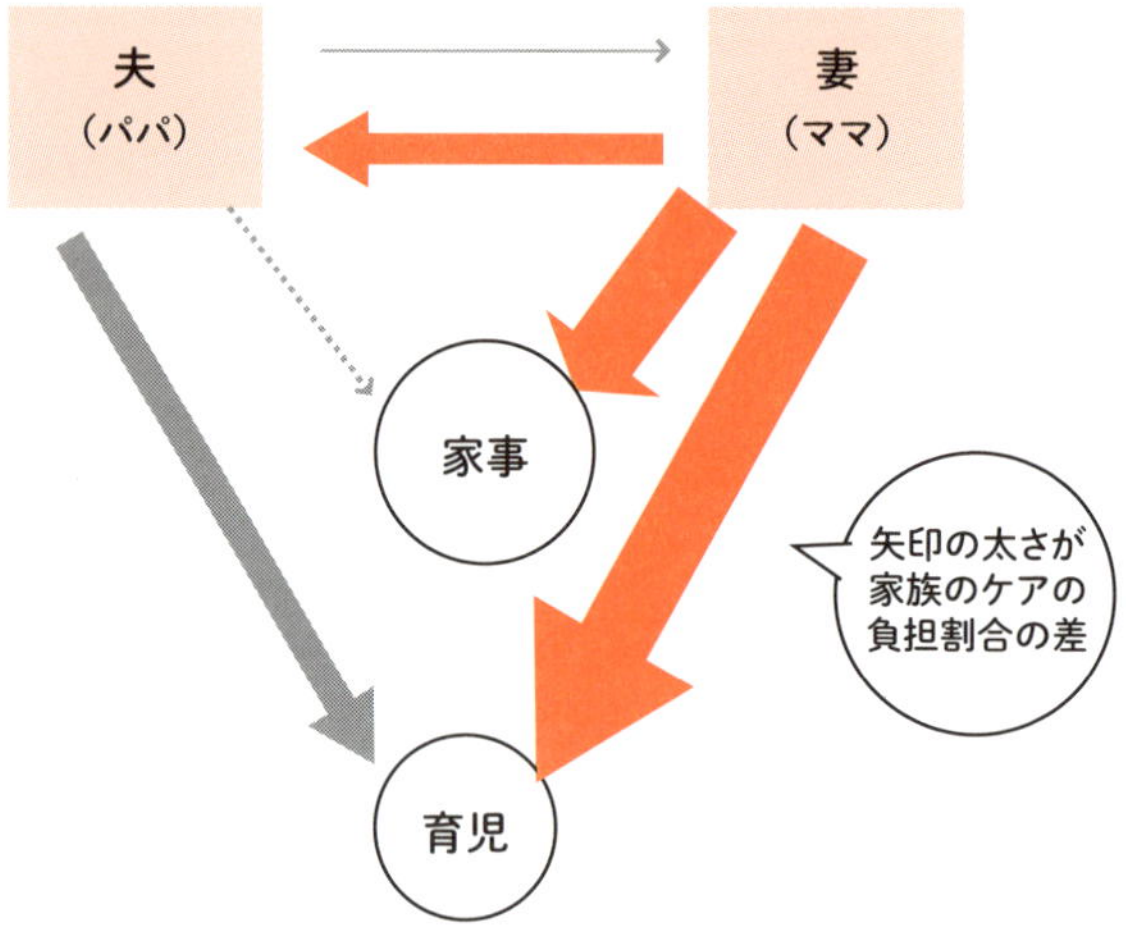

出典：平山順子著「家族を「ケア」するということ――育児期の女性の感情・意識を中心に」『家族心理学研究13』（1999年）に基づいて作成

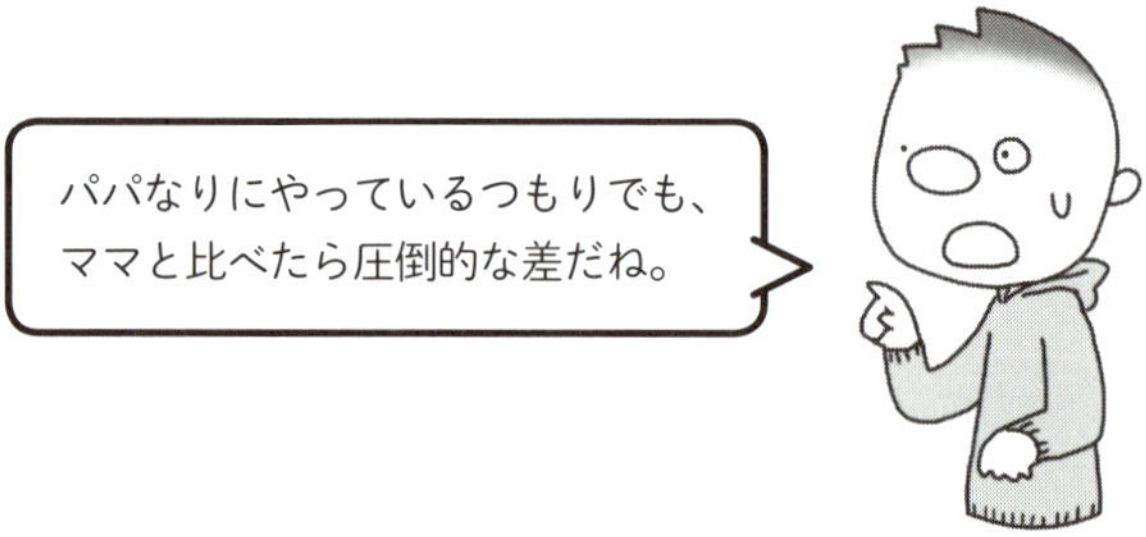
パパなりにやっているつもりでも、
ママと比べたら圧倒的な差だね。

事・育児を悲観的に捉え、できる範囲で手伝う夫は楽観的に捉える傾向にあるそうです。その捉え方の違いが、夫婦関係にも影を落としているといわれています。

そうは言ってもなかなか忙しいパパたち。ママと同じ量だけ家事・育児を毎日担うのは現実的に難しいという人も多いでしょう。

実際に、家庭内のケアのバランスの調査を見ると、家事・育児の負担割合はママの方が圧倒的に多いことがわかります。また、この量的な負担割合の違いが「ママ＝主担当」「パパ＝従担当」の構図を作り、夫婦の主従関係を強化します。

ママのパパに対する不満として「あれやってといちいち言わなくても、自分で気づいて動いてほしい」という声がよく聞かれます。でも、常に「従」担当で全体をマネジメントしたことのないパパは気づきたくても気づけませんこれは、男女の差ではなく、経験値の差です。

　パパがママと同じようにマネージャーレベルまで昇格するためには、**パパも家庭全体をマネジメントする経験が必要**です。つまり、ワンオペ育児の経験です。まずは週末だけでも構いません。ママに一人の時間をプレゼントし、自分だけで全てをこなす経験をしてみてください。ママに頼らず、家事・育児に試行錯誤することが、「気づけるパパ」「自分で考えて動けるパパ」になる近道です。

量的公平感が無理なら情緒的公平感で信頼UP！

　妻は夫から「ケアされている」と感じると、（家事・育児に対する）ポジティブな感情の経験度が高いということもわかっています。労いの言葉をかける、悩みを聞く、普段から（妻の）気持ちをよく理解しようとすることで妻は夫からケアされると感じます。さらに、ケアされていると感じている妻ほど、夫に対して情緒的ケアを行う頻度が高い傾向にあります。

家事・育児を可能な限り夫婦でシェアしつつ、足りない分はママを情緒的にサポートして乗り切る。これがポイントです。

　お互いの気持ちをサポートし合って、夫婦の絆をより強固なものにしていきましょう。

PART 2

2

産前・産後のママの体の変化を知ろう

妻も自分の体のことがわからない!?

通常時のホルモン変化と妊娠中のホルモン変化

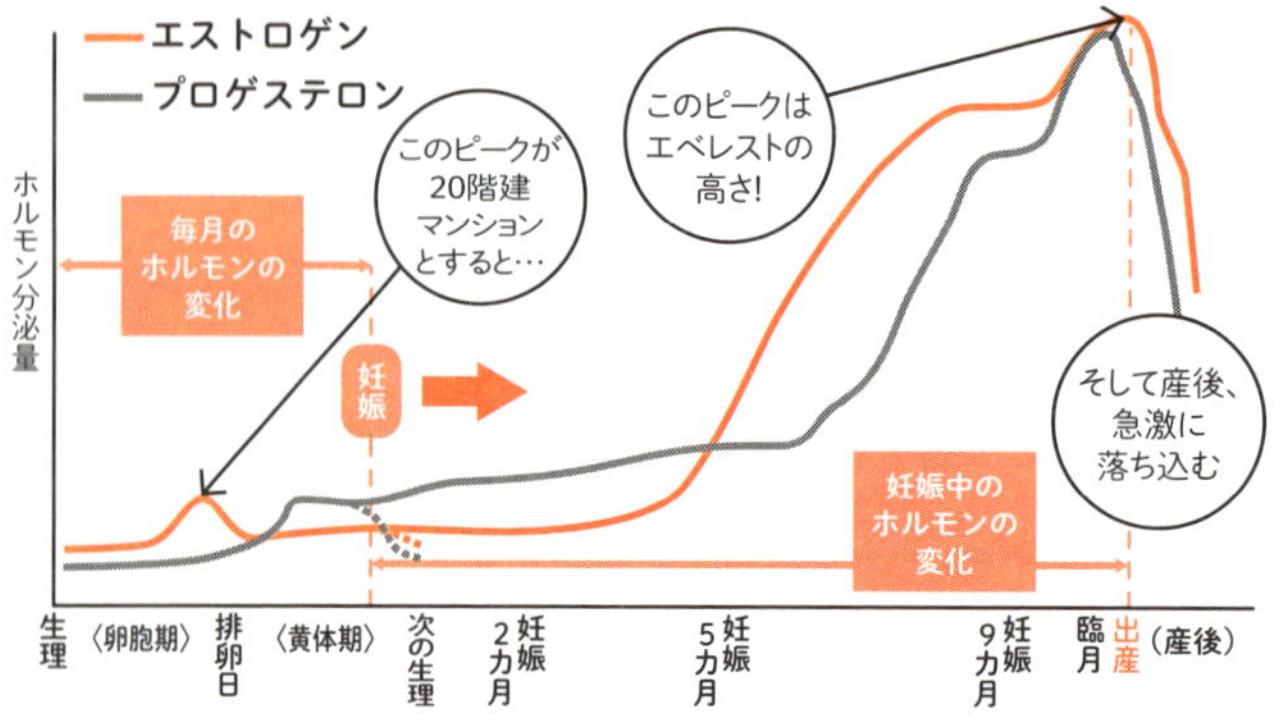

出典:横浜の産み育てを考える会『産前産後の妻を守るためのガイドブック』

ママの体もビックリ! 赤ちゃんがやってきた

妻からの妊娠の報告。ビックリ、うれしい、オレが親になれるのか……、さまざまな思いが、パパとなったあなたの胸の中をよぎることでしょう。その気持ちはママとなった妻も同じです。そこでパパには、うれしい気持ちを伝えたあとに「病院、一緒に行こうか?」と自分から申し出てほしいです。

ママは、自分の体がどのように変化していくのか、無事に赤ちゃんを産めるのか、不安がいっぱいです。ママの不安にパパがいち早く寄り添うことで、ママは少し安心します。

妊娠初期こそ パパのサポートが必要

妊娠初期から産後にかけて、ママの体やホルモンは、想像を絶する変化が起こります(上図参照)。心も体もついていけず、思わぬ不調が起こることもあります。

妊娠初期の「赤ちゃん受け入れ期間」は、だるさや眠さ、それにつわりも加わるので、特にしんどい時期です。また、この時期に流産する可能性も高いです。

実家や職場には、安定期に入ってから妊娠を報告する人が多いでしょう。安定期に入るまでは、周囲のサポート

ママの体と気持ちの変化

妊娠3カ月
（8～11週）

つわりのピーク。食べつわりの人もいる。赤ちゃんの心音が確認できる。

→

妊娠4カ月
（12～15週）

つわりがおさまる。胎盤が完成。赤ちゃんは手足ができ、自由に動かす。

→

妊娠5カ月
（16～19週）

安定期に。おなかがふっくらする。赤ちゃんの基本的な体のパーツが完成。

→

妊娠6カ月
（20～23週）

胎動がわかる頃。健診で赤ちゃんの性別がわかることも。

→

妊娠7カ月
（24～27週）

胃の圧迫感を感じる。仰向けがしんどくなる。赤ちゃんは聴覚、味覚、嗅覚が発達。

→

妊娠8カ月
（28～31週）

おなかの張りを感じる人も。赤ちゃんは肺の機能が整いはじめる。

→

妊娠9カ月
（32～35週）

胃もたれ、腰痛、トイレが近くなる。赤ちゃんは頭の位置が決まってくる時期。

→

妊娠10カ月
（36～39週）

陣痛、出産への不安がピーク。赤ちゃんはいつ生まれても大丈夫な状態に。

産後

子宮の状態が妊娠前に戻るのに6～8週かかる。ホルモンの変化、初めての育児などにより情緒不安定になりがち。

を受けられない状態で、通勤や仕事、家事をこなさなければいけないので、ママは本当に大変です。食事の支度や通勤時のサポートなど、**パパの実務的ヘルプと心のケアが一番必要な時期です。**

妊娠5カ月くらいで体が慣れてくる

妊娠がわかってから3カ月（妊娠5カ月）くらいすると、ママの体も赤ちゃんとの暮らしに少しずつ慣れてきます。これが一般的にいう「安定期」です。ママは赤ちゃんからの「育ってるよ信号——胎動」を感じることができるので、妊娠初期の「ちゃんと育ってるの？」という不安から少し解放されます。

妊娠の経過がよければ、通常の生活に戻ってOK。二人で妊娠ライフを楽しみつつ、産後の計画を立て始めましょう。

パパも妊婦健診に行こう

ママは、妊娠中から赤ちゃんとの共同生活をスタートしますが、パパが赤ちゃんとの共同生活をスタートするのは産後から。であれば、せめて「知る」努力をしましょう。ネットや本で調べるのもいいですが、一番よくわかり、ママも安心するのが健診の同行です。深く考えずに、父親になるためのステップのひとつとして健診に行ってみましょう。

通常、健診は妊娠６カ月（23週）まで月１回、７～９カ月（24～35週）が２週間に１回、臨月（36週以降）は毎週です。

健診時に次の健診の予約をする病院が多いので、一緒に行くときは問題ありませんが、自分が行けないときには、「次の健診は１カ月後くらい？○月○日と×日なら行けるよ」と、健診の前にスケジュール調整をすることをおすすめします。

行けないときには、「どうだった？」の一言を。「忘れてた～」は、絶対NGです。

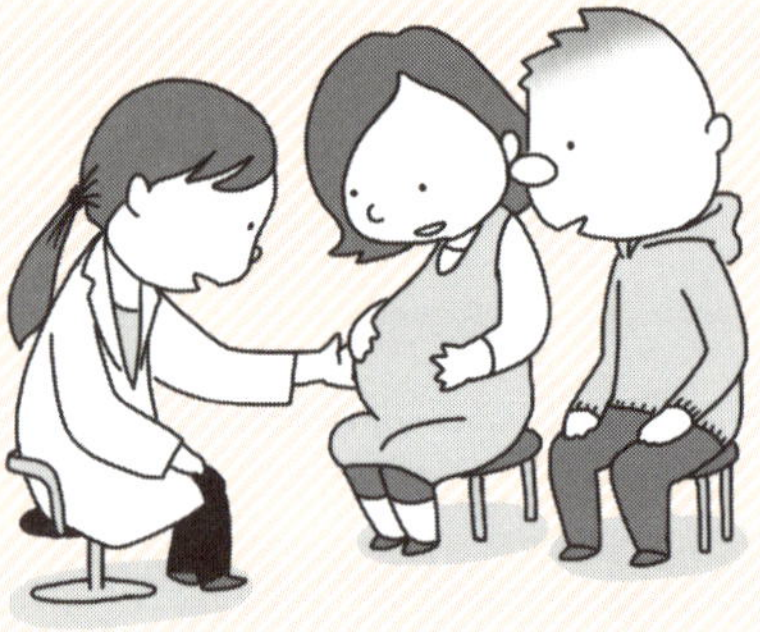

これはNG！

待合室でずっとスマホ

健診に行った意味なし。先生の話を一緒に聞いたり、超音波検査で赤ちゃんを見たりしましょう。

ドタキャン

行けないことがわかったら、早めにママに伝えること。ドタキャンは、ママの信頼を失うかも。

妊娠中も、ママや赤ちゃんとスキンシップをとろう

パパがママの気持ちを１００％理解することも、ママの代わりに妊娠、出産することも、残念ながら不可能です。でも、パパがママと赤ちゃんのためにできることはたくさんあります。

１．妊娠、出産について知識をつける

ママ以上に詳しくならなくてもよいですが、ママが何を言っているのかわかる程度には勉強しておきましょう。

２．ママと、赤ちゃんの話をする時間をつくる

仕事から帰ってきたら、「あー、疲れた！」の一言を飲みこんで、「体調どうだった？」「今日もよく動いた？」など、自分からママや赤ちゃんの話をするようにしましょう。

ママの気持ちがハッピーであることが、おなかの中の赤ちゃんにとってもいい環境になります。

母親学級・両親学級に行こう

両親学級は、夫婦で妊娠、出産、育児の情報共有をするいいチャンスです。沐浴指導やおむつの替え方など、実践的な育児のやり方を学べます。

産後の家事分担の話し合いを、ワークショップとして行うところもあります。二人だけではなかなか切り出しにくい話も、ワークショップであれば話しやすくなります。相手の気持ちを知るためにも、夫婦での参加をぜひおすすめします。

自治体が開催している両親学級は、パパ友・ママ友をつくるチャンスです。ご近所さんで、出産予定日が近い人が集まります。連絡先の交換をしておけば、パパがいないときに陣痛が始まったなど、いざというときに助け合えるかもしれません。

COLUMN

パパスクールは仲間づくりのための場所!

家族仲よく楽しく暮らすために、いくつかのパパスクールに参加しました。自分とは違うバックグラウンドをもつパパたちとの交流が、自分なりのパパの形をつくるヒントになりました。そこで学んだのは、①他のパパもみんな悩んでいる。②子育てや家族のつくり方に正解はない。③家族円満の秘訣は、ママを一番大切にすること。ママの笑顔があってこその、家族の笑顔！　です。

今は自分でもパパスクールの運営をしていますが、スクールを通してつながったパパの輪が、ママ、子どもたち、パパの笑顔を増やすきっかけになっています。

齊藤正宏さん

36歳・情報サービス業
長男11歳・長女8歳

3. 赤ちゃんに話しかける

妊娠5カ月頃から、赤ちゃんの耳は聞こえるようになります。ママの声は聞こえやすく、耳にする回数も多いので、赤ちゃんは産まれてきてからもママの声を聞くと安心するといわれています。逆に、パパの声はママに比べて聞く機会が少ないので、赤ちゃんに認識されにくいようです。ママのおなかにふれ、おなかの赤ちゃんに話しかける時間をつくりましょう。

4. ママへのマッサージ

妊娠中はおなかを支えるために、腰や背中に負担がかかります。背中から腰をゆっくりマッサージしてあげましょう。マッサージされている人だけでなく、している人にも、「幸せホルモン」ことオキシトシンが分泌されます。オキシトシンには、脳や心を癒やしたり、不安を減少させたりするなどの効果があります。妊娠中こそ、スキンシップを大切にしましょう。

PART 2

3

出産までにママと話し合うこと

産後、赤ちゃんとの暮らしをイメージする。

わが家の子育てプロジェクトリーダーはあなた!

妊娠中のママは、おなかの赤ちゃんのこと、変化していく自分の体、出産のことで頭がいっぱいです。妊娠中から産後の赤ちゃんとの生活がイメージできるといいのですが、なかなかそれが難しいものです。

そこで、パパにお願いしたいのが、**「赤ちゃんとの暮らし」のプロジェクトリーダー**です。

妊娠、出産、子育ては、人生の一大プロジェクトです。いつもみなさんが仕事で行っているように、家庭の現状分析、課題の洗い出し、課題解決、ゴールまでの計画づくりをやってみましょう。

夫婦で話し合っておきたい5つのこと

ママの妊娠中、特に二人で話し合っておきたいことは次の5つです。

1. 病院選びと、里帰り出産かマイタウン出産か

出産方法、病院の設備、担当医との相性、自宅からの距離などを検討し、選ぶといいでしょう。里帰り出産をする場合は、健診で通っている病院と里帰り先の病院の2カ所を選ぶ必要があります。ママの希望と、次に挙げる産後のサポート体制のことも考えて選びましょう。

2. 産後のサポート体制

出産によってママの体は大きなダメージを負い、**妊娠前の状態に戻るまでに約2カ月かかる**といわれています。退院した後、ママは体のケアと慣れない赤ちゃんの世話で手一杯なため、家事のサポートが必要です。祖父母にお願いするのか、アウトソーシングするのか、パパが育休を取得して家事を行うのか、事前に決めておきましょう。

3. 仕事

ママが仕事をしている場合は、仕事を続けたいのか、辞めたいのか、ママの希望を聞き、話し合いましょう。仕事

マイタウン出産と里帰り出産の違い

マイタウン出産

メリット

・夫婦で、子育ての一番大変な時期を一緒に乗り越えることができる

・生活の場所が変わらない

・病院が変わらない

デメリット

・陣痛がきたときにママが一人のことも

・産後のサポートをするパパの負担が増える

・ママの日中の会話が減る

里帰り出産

メリット

・産前、産後のサポートが充実

・ママは育児、パパは仕事に専念できる

・ママの日中の会話が増える（赤ちゃんにもよい）

デメリット

・パパとママ、赤ちゃんとの時間が減少

・産前、産後の一番大変なときをパパが知らない

・病院が変わる可能性大

を継続する場合は、夫婦で育児休暇の取得時期と期間、復帰の時期、保育園のことも考えておく必要があります。

退職する場合は、出産手当金（退職後半年以内の出産であれば支払われる）のことも頭に入れて退職時期を検討するのがよいでしょう。

4．子育てビジョンの共有

どんな子育てをしたいのか、どんな家庭をつくっていきたいのか、パパとママそれぞれの考えを話して、お互いのビジョンを共有しましょう。

5．わが家の生活のリズム

妊娠中こそ、毎日の生活のリズムを見直すチャンス。**子どもが生まれてからも続けられる、規則正しい生活習慣**を妊娠中からつくっておきましょう。

6．いざというときのこと

妊娠、出産は、100％安全ではありません。流産、早産、死産、おなかの赤ちゃんに病気が見つかる可能性も考えておきましょう。

夫婦で話し合いをするときの3カ条

1. 先手必勝。たまには自分の方から、話をもちかけよう。受け身ばかりでは、妻は物足りない
2. 妻が出した結論には、「それで、大丈夫だよ！」と背中を押す
3. 大切な家族会議は、カフェやレストランなど、外を使おう

朝ごはんで家族の体調管理

妊娠中に一番夫婦で話をしておいてほしいのが、「わが家の生活リズム」についてです。一般的には、妊娠中の暮らしから一日の流れをイメージすることが多いと思いますが、小学生の生活リズムを参考に考えるのがおすすめ。

例えば、小学生の登校時間を8時、朝ご飯を7時とイメージしたのであれば、明日からの朝食も7時、産後の朝食も7時にし、できれば、家族一緒に食べましょう。

なぜなら、**朝の顔合わせと食事は、家族の体調管理にとても役立つからです**。いつも起きていたのに起きられない、よく食べていたのに、食事が進まない、食べないことが増えたなど、朝ごはんには不調のサインが表れやすいです。産後のママの、10人に1人がなるといわれている産後うつの早期発見にも役立ちます。

大人の生活リズムに赤ちゃんを迎え入れる

退院、または里帰りからママと赤ちゃんが帰ってきたら、妊娠中につくった生活のリズムに、赤ちゃんを迎え入れます。くれぐれも、赤ちゃんのペースに振り回されすぎないようにしてください。赤ちゃんは、親の生活リズムなどから、自分の生活のリズムや朝夜の区別がつくようになってきます。

家族の笑顔は、家族の健康から。プロジェクトリーダーの腕の見せどころ。

ただし、妊娠中からどんなに話し合っていてもうまくいかないのが産後です。産後の女性は、攻撃的になったり情緒不安定になったりします。

妊娠中につくった生活習慣は崩さず、育児に関しては、産後しばらくの間、ママのやり方に合わせるのがよいでしょう。

産前会議リスト

妊娠初期	□ 妻の体調と仕事を踏まえた家事分担 □ 病院選び＝出産方法選び □ マイタウン出産 or 里帰り出産 □ 立ち会い出産する or しない □ 両親、職場への報告（夫も）をいつにするか □ 育休をとる or とらない □ 出生前診断を受ける or 受けない □ 勤務先、市町村の制度の確認と申し込み
妊娠中期	□ 産後は共働きをする or しない □ 両親学級の参加 □ 産後サポート計画を立てる □ 里帰り出産の場合は、実家への挨拶や準備 □ 里帰り出産の場合は、その期間パパとの時間をどうつくるか考える □ 赤ちゃんを家に迎えるための掃除計画 □ ベビー用品の買い物 □ 子どもの名前
妊娠後期	□ 産後３カ月のサポートの最終確認 □ ２週間健診、または母乳外来があるのか。ない場合は、１カ月健診前の相談先 □ 陣痛が来たときの病院への行き方 □ 赤ちゃんが生まれた後の家事分担

PART 2

4

ママとのコミュニケーションのキホン

パパの育児は「ママのケア」を最優先！

夫婦の会話が業務連絡になっていませんか？

恋人同士で付き合っていた頃の二人は、互いの趣味や好み、将来の計画など色んなことを語り合っていたはず。それが結婚し、子どもが生まれてしばらく経つと、夫婦の会話が「今日は何時に帰る？」「夕食いるの？」といった味気ないやりとりに。

昔の父親は「フロ」「メシ」「寝る」のみで夫婦の会話が成り立っていました。しかし今、そんな没コミュニケーションをしていると、ママから「うちの夫はＡＴＭ（＝必要なときにお金を引き出せればそれでいい）」「ゾンビ（＝死んだものと思っている）」とみなされ、一触即発の離婚危機です。

一方、パパから「子どもが産まれてから妻が変わってしまった」と嘆く声を聞くことがあります。ママの愛情のほとんどが子どもに向かい、夫である自分に関心をもってもらえなくなり寂しさを感じている人もいます。

夫婦の役割は、子どもが生まれると大きく変化します。妊娠中から圧倒的な責任とプレッシャーを背負って母親になる準備をしてきたママに比べ、出産でいきなり父親になったパパは親としての自覚がスローです。そうした意識のズレが、夫婦のすれ違いの原因になります。

パパに稼ぎ手の役割だけでなく、子育てを相談し合える、よきパートナーの役割を望んでいるママは多いです。パパが期待を満たさないと、ママの不満要因になります。

例えば、パパが何気なく「手伝おうか？」と口にし、ママがブチ切れるケース。パパからすれば、育児と家事にがんばっているママをサポートするつもりで「手伝ってあげようか？」と声をかけるのですが、**お手伝い感覚で当事者意識がないパパの姿勢に、ママは腹を立てるのです**。

同様に、「育児に参加」「家事に協力」も地雷ワード。参加や協力を語るパパには、主体性が感じられません。かつ

ママへの声かけのポイント

「今日はどうだった?」

夕食の団らんで「今日はどうだった？」と質問し、ママが話し始めたら最後まで聞きます。うなずいて、共感して聞いてくれると、ママは気持ちよく話ができます。会話の途中で「結論は何？」「オレに何を期待しているの？」と口をはさまないように。

「がんばってるね」

「がんばってね」と「がんばってるね」の違いがわかりますか？ 前者は指示命令、後者は承認・共感です。もう十分すぎるほどがんばっているところに、命令口調で他人事のように指示されるとカチンときます。ついでに言えば、「ごみ落ちてるよ」とママに指示する前に、気がついたら自分で拾いましょう。

「いつも、ありがとう」

「感謝」の反対語は何だと思いますか？　答えは「当たり前」。私たちは、当たり前と思うと感謝しなくなるものです。いつも当たり前のように家事をして、子どもの面倒をみてくれているママに「ありがとう」、そして、当たり前に暮らしている家族の日常に、「ありがとう」と心からの感謝を贈りましょう。

てのパパたちがよく口にしていた「家族サービス」もNGワードです。「家族サービス」の裏にある「自分の本来の役割は仕事であり、育児は余裕があるときにやればいい」といった心理が伝わるからです。

　子どもが生まれると「父親になったからにはもっと稼がなければ」と仕事スイッチが入る人がいます。ママがそう望んでいるのならばよいのですが、ママは「残業代を稼ぐより、早く家に帰ってきて子どもと関わってほしい」と願っているかもしれません。

　夫婦で互いに何を期待しているのか、そのつど確かめ合うとよいでしょう。**夫婦の期待役割は、仕事の異動や昇格、二人目以降の妊娠出産など環境が変化すると変わります**。パートナーシップは、夫婦の良質なコミュニケーションが基本です。

男女の思考の違い

女性

・共感性志向
・感情・人間関係を重視する
・プロセスを大切にする
・ストレスを感じるとお喋りになる

男性

・問題解決志向
・成果・効率を重視する
・結論を急ぐ
・ストレスを感じると殻にこもる

男と女でコミュニケーションの仕方が違う

男性と女性ではコミュニケーションの仕方が異なります。

例えば、パパたちからよく聞く不満に「仕事から帰宅して家でくつろぎたいのに、ママから結論のない話を延々と聞かされて休めない」というのがあります。

これは、「**男は一日8千語、女は一日2万語を話す**」という調査結果を参考にすると、ママの置かれた状況や気持ちが理解できるようになります。(『話を聞かない男、地図が読めない女』アラン・ピーズ、バーバラ・ピーズ著、主婦の友社)

赤ちゃんを子育て中のママは、日中ずっと言葉の話せない相手と過ごしているため、数語も使っていないことがあります。そこにパパが帰ってくると「残りの2万語を使える大人が来た!」

とばかりに、マシンガントークを発するわけです。

しかし、パパは会社の打ち合わせや商談で8千語を使い果たしており、話す気力を失っています。パパとしては、ママの話を（2万語を消費し尽くすまで）聞き続けるしかありません。

職場では問題解決型
家庭では共感型

また、男性は「問題解決」、女性は「共感」を志向するといわれます。ママから子育ての悩みやママ友とのトラブルなどを聞かされると、パパはつい「解決しなければ！」と考え、話を途中でさえぎってアドバイスを始めがちです。でも、**ママが求めているのは「私が悩んでいることをわかってほしい」という気持ちへの共感**なのです。

夫婦の会話でアドバイスはほとんど不要です。職場と家庭でコミュニケーションのスタイルを切り替えましょう。家庭では問題解決よりも、共感を意識した話し方や聞き方をするのがベターです。

そして、パパの育児で何より優先すべきは、ママの情緒的ケア（25ページ参照）です。ママのことを気遣い、マメに連絡し、いたわりの気持ちをもって接することが必要です。言葉だけでは満足しないママもいますので、行動でもがんばって示しましょう。パパも大変！

ママの心パパ知らず
ただいまー
なんかあった？
ん？どうしたの？
家に子どもと二人きりでいると急に不安になるの
ずーーん
だって聞いてよ!! ○○○○だったから ○○○○って思ったの！
だけどちっとも泣きやまなくてそれに、それに
おお、おお……
よーし、わかった！ そういうときはこうすればいいよ！
わかった？
ペラペラ
ペラ
…………
ちがーう!!
そんなことが聞きたいんじゃないの!!
えぇ……
だったら何だよ……

ママの視点から

ママにかけてはいけないNGワード

やってもらって当たり前なことなんてひとつもない！

パパとしては悪気なく発した一言が、ママを傷つけてしまうことがあります。

下の「つい口にしてない？　ママが傷つく言葉」を見ていくと、**言葉の裏にはパパの「当たり前」という意識が透けて見えます**。家にいる方がやるのが当たり前、ママがやるのは当たり前、という考え方です。パパの頭の片隅にこの「当たり前」があると、ふとした

つい口にしてない？　ママが傷つく言葉

自分のことは自分で

・自分で置いた場所を忘れたくせに
「ママどこにやった？」
・自分でクリーニング店から引き取り損ねたのに
「あのシャツ絶対今日とってきて」
・冷蔵庫にマヨネーズがないのを見て
「俺マヨラーだから、ないと困るんだけど？」

何もしてないくせに！

・子どもの世話で掃除ができなかった日
「子どもの相手してるだけなんだから、掃除ぐらいちゃんとやったら」
・子どもの身支度中、自分の準備だけして**「まーだー？」**
・子どもをあやしながら料理してたら
「えっ？　まだできてないの？」

上から目線はやめて！

・迷っていることを相談したら
「そんなのこうすればいいじゃん」
・まだ話の途中なのに
「結局○○なんでしょ？」
・時間までに準備ができなかったときに
「ほんと、段取り悪いよな」

気づいたならやってよ！

・ティッシュの買い置きがなくなったのを見て
「ティッシュないんだけど」
・休日夫のみ昼寝。起きてすぐに
「お風呂ためた？」
・雨が降ってきたのに気がついて
「早くしないと洗濯物濡れるよ」

ときに言葉として出てしまいます。

また、上司のような上から目線の言葉もＮＧです。パパとしては、仕事の延長でつい上司のような口調になってしまうのでしょうが、ママたちは傷つきます。特に、夫婦間で家事・育児の負担割合に差がある場合に、パパから上から目線の言葉を投げられると、ママは「私が家事・育児を担っているからあなたは外で働けるのよ！」と日ごろの不満が爆発してしまいます。

こうなってしまうと、お互いに「自分の方が大変なんだ」と主張し合うようになり、不毛な苦労自慢大会が始まります。

いくら夫婦といっても、やってもらって当たり前のことなんて、ひとつもありません。お互いが担っている役割に心から感謝をし、フォローし合おうという姿勢が必要です。どんなに忙しくてもお互いへの気遣いを忘れないことです。

COLUMN

妊娠中、デリカシーのない パパの言葉にショック

帝王切開の手術前、看護師さんから、おなかを縦に切るか横に切るか決めるように言われました。「縦の方が治りは早いけれど、横の方が傷は目立ちません」とのこと。迷って旦那さんに相談しました。しかし、「何を迷うことがあるの？　その体型でビキニでも着るつもり？」と笑われてしまいました。

真剣に相談したのに、恥ずかしいやら悲しいやら。妊娠中でなければ言い返していたでしょうが、「もう女性としては終わったのか……」と落ち込んでしまいました。結局、縦にメスを入れました。普段はスルーできる言葉でも、情緒が不安定になりやすい妊娠期は凹んでしまうことがありますよね。

※その後、40キロ台に戻しビキニも着られるようになりました！

杉野愛さん
37歳・公務員
長男9歳・長女7歳

COLUMN

何気ない一言が 離婚フラグを立てているかも

パパは悪気なく言っているんだろうけれど、心からがっかりした言葉は数知れず。「俺だってがんばってる（いや、私だってがんばってるよ。家に帰ってきて遊んでいるとでも？）」、「仕事で疲れてる（私も、仕事と家事、育児でフル稼働ですが？）」、「休憩してくる（休憩？　私、今、休憩してましたっけ？）」、「俺、そんなことまでしないといけないの（私も言いたいよ、その言葉）」。

自分のことばかりで、ママのSOSを見逃し続けていませんか？　何気なく口にした言葉が、ママに「いつか離婚してやる」と決意させているかも。相手のがんばりを当たり前と思わず、互いに感謝し合うことを忘れない。これが基本であり、大事なことだと思います。

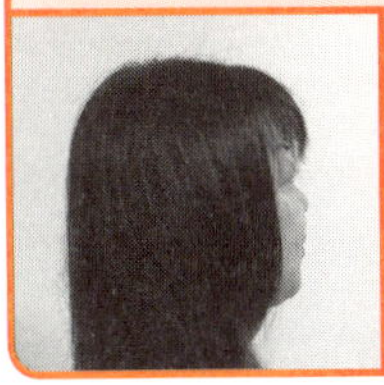

長島真奈美さん
（仮名）
会社員
子ども未就学

PART 2

5

産前・産後ママを助ける小ワザ

小さな心遣いが夫婦の絆を強める。

自ら学び、夫婦で一緒に準備しよう！

産前の女性の体や心の変化は大きく、出産に向けての不安も大きいものです。一方、男性は自らの体に変化はないため、意識をしていないと、妻との気持ちにギャップが生まれます。そのギャップを埋めるために、妊婦健診に一緒に行くのはとても大切なこと（28ページ参照）。一緒に先生の話を聞き、赤ちゃんの成長を感じ、ママの体調を確かめるだけでも、ママの安心につながります。また、両親学級で妊婦体験ジャケットを着用し、おなかの重さを体感するなど、**パパが自ら動き、積極的に赤ちゃんを迎える準備をする**ことで、夫婦二人で準備をしている感が高まり、ママの不安を和らげます。

一般論ではなく、まずはママの希望を聞こう！

妊娠してからの体調は人それぞれです。食の好みも大きく変わります。ママを助けようとパパが自分で色々調べたり、一般的な知識だけでよかれと思ってやったことが、逆効果になることもよくあります。それを避けるためにも、まずはストレートにママに何をしてほしいか聞いてみましょう。**きちんと意見を聞いた上で、ママが求めているサポートをすることが大切です。**

産後、周囲の注目は生まれたばかりの赤ちゃんに集まります。そんなとき、ママをサポートするのはパパの役目です。

ただし、心身ともに疲労しているママに対して、変に問題解決型の思考で向き合ってはいけません（37ページ参照）。大事なことは、ママの話をよく聞き、それに共感することです。

次ページに、先輩パパが実践している、「ママを助ける小ワザ」を教えてもらいました。産前・産後に限らず、子育て中のママは、体力的にも精神的にもしんどくなってしまいがち。ちょっとした心遣いでママが笑顔になり、夫婦の絆も深まります。

先輩パパに教えてもらうママを助ける小ワザ

COLUMN

しんどさをそのまま受け止める

「しんどい」。仕事から帰ってきて、産後の妻からそう言われたとき、僕は、とっさに「疲れているなら、ビタミン剤買ってこようか？洗い物しておくから、横になったら？」と伝えました。すると、妻はムスっとして立ち去りました。

そのときは、なぜ妻が不機嫌になったか理解できませんでした。でもその後、育児休業を取得し、一日中、子どもの世話をすることで気づきました。しんどさを受け止めてほしい。解決策なんていらない。

「しんどいよ」、「しんどいね」。ただ、共感してくれる、それだけで、何だか心が軽くなるものです。

荒木正太さん

35歳・営業企画
長男7歳・
次男5歳・
長女3歳

COLUMN

妻を癒やすために足もみ教室へ

妻は都心のIT企業で働くOL、僕は「文京子育て不動産」というまちづくりのための不動産屋を経営する兼業主夫です。

夜も遅くなりがちな妻。帰宅後、風呂に入ってもらい、その間にごはんを温め直し、洗濯を。つかの間の夫婦の会話を楽しんだらベッドへ。そのとき、冷え性な妻のために足もみをしてあげます。最初は見よう見まねで痛がるところを押していましたが、もっと本格的に癒やしてあげたいと、近所で足もみ専門サロンを開いている先生のところで勉強をしました。寝てしまうので妻は気づいていないようですが、以前より心を込めて足もみができるようになったと思います。

高浜直樹さん

31歳・自営業
長女5歳・
次女1歳

COLUMN

辛いときはお互いに話を聞く

妻が部署異動になったとき、肩こりなどの訴えが増え、口数が少なくなりました。本当に辛いことは口にしない性格の妻。これはマズいと感じ、ある日の仕事帰りに「仕事で近くまで来てるんだ。二人で何か食べようよ」と妻を誘いました。落ち着いた雰囲気の割烹料理屋へ。世間話で妻の心をほぐして、「新しい部署はどう？」と話題をふると、仕事の悩みを話してくれました。アドバイスは封印して聞き役に徹していると、心なしか妻の表情が明るくなりました。辛いときに思いを表に出し、共感してもらうことで、心が軽くなるのは男も女も一緒。私も辛いときには妻に同じことをしてもらっています。

鈴木学爾さん

41歳・公務員
長男12歳・
長女10歳

ママの視点から

ママが笑顔になるはなまるワード

「わかってくれている」がママを笑顔にする

ママが理解してほしいのは、**「パパがいない間にどれだけ大変か」ということ**です。特に夕方の時間は戦争です。そんなときに帰宅途中のパパからのメッセージがあれば、孤軍奮闘しているママの励みになります。大変な状況を理解し、自分もできる限り早く帰って参戦するよ！ と伝えましょう。クタクタのママたちに、もう一踏ん張りするパワーをくれます。

ママがうれしかったパパの言葉

夕方のストレスフルな時間に

・仕事で遅く帰ってきたのに、顔を見てすぐに
「今日も大変だったね。お疲れさま！」
・帰宅途中にLINEで
「お疲れ。帰ったら何したらいい？」
・仕事が大変だったとLINEすると
「疲れてるなら、外食にしちゃおうよ」

思いやりを感じるメッセージ

・仕事の愚痴を言うと
「今週は俺が（保育園の）お迎えに行くから、仕事に集中していいよ」
・子育てにいっぱいいっぱいのとき
「週末にママが一人でゆっくりできる時間をつくるよ」
・疲れていると、すぐ気づいてくれて
「なんか調子悪そうだけど大丈夫？」

完璧じゃなくても気持ちがうれしい

・すぐに忘れてしまう夫
「忘れてごめん！ リマインドしてもらえると助かります！」
・お互いの意見に食い違いがあったときに
「ごめんね。ちゃんと理解できてなかった。もう1回話してもいい？」

気づける夫はかっこいい！

・家が汚くても笑いながら
「週末は俺が大掃除しよう！」
・洗濯物を取りこんだタイミングで
「ありがとう！ 俺がたたむよ」
・キッチンに残っている食器を見て
「俺がやるから、置いておいて」

　また、ママががんばった「過程」に対する感謝も、ママはうれしいものです。例えば、「今日は離乳食全部食べてくれたの！」というママの報告に、「そう、よかったね」ではなく、「そうか！　これまでの試行錯誤のおかげだね！　ありがとう！」という言葉があると、ママの「わかってもらっている度」がアップします。「過程」に対する感謝は、具体的であればあるほどポイントが高いです。

　あれもこれもとがんばってしまうママが、ひと息つけるような提案もいいでしょう。とは言っても、「今日は手を抜いていいよ」という上から目線の「許可」はNGです。「いつもがんばっているから疲れているんだね」という理解を示しつつ、「今日は自分が家事をやるから、一緒にちょっと休もう」と声をかけてみてください。ママが「それなら休もうかな」と思えるような代替案を提案するのがコツです。

COLUMN

娘と一緒に「ママにありがとうと言おうね」

　毎日の家事を労ってもらえることはなかなかありません。あわただしくごはんを作って、後片付けもして、台所に一人でいるとむなしくなることも。そんなとき、夫が娘を連れてきて「ママは、おいしいごはんをお父さんと○○のために毎日作ってくれているんだよ。一緒にありがとうと言おうね」と、たまーに（笑）言ってくれます。私の料理は、素材そのままのおひたしやサラダ、炒めものなど、健康的だけど雑な感じ。それでも、90度礼をして「あーりーがーとー！」と言う娘に癒されます。夫も面と向かっては言いにくいだろうし、私も素直に受けとれないかもしれません。夫婦って子どもを通して会話しているんだな、と気づかされ、子どもの存在の偉大さを感じています。

上沢聡子さん
41歳
自営業（編集 他）
長女2歳

COLUMN

妊娠中の不安が吹き飛ぶパパジョーク

　初めての妊娠。体調の変化や心の変化など、わからないことばかりで不安が尽きませんでした。特につわりがひどく、寝込んでしまったり、足がむくんで眠れなかったりと辛い日々が続きました。そんなときに、支えになってくれたのがパパの存在です。

　パパは、私の気を紛らわせるために、おなかの中の赤ちゃんの声をアテレコするなど、あの手この手で私を笑わせてくれました。大変な時期を二人で乗り越えようという気持ちが伝わってきて、とても安心して過ごすことができました。出産はパパに代わってもらうことができませんが、パパとママの絆を強くすることはできます。これから始まる子育てのためのチームワークを築く大切な時間です。

間瀬友里恵さん
29歳
会社員
妊娠5カ月

PART 2

6

チームわが家でいこう

連携型で
気持ちに余裕！
家族が笑顔に。

「夫婦二人だけでがんばる」は危険信号

「家事も育児も夫婦でシェアしながらがんばろう！」と思っていても、なかなか難しいのが現実です（22ページ参照）。二人だけで家事・育児の全てのタスクをこなそうとしても、お互いに余裕がなくなり、結局押し付け合いになってしまいます。

仕事も家庭もうまく両立する最大のポイントは「**夫婦二人だけでやろうとしないこと**」です。家事・育児を代わりに担ってくれる人やツールを巻き込んで、「チームとして」両立体制をつくることです。

連携型子育て「チームわが家」で家族に余裕を！

「チームわが家」とは、多様なリソースを活用して、パパもママもスムーズに仕事ができる仕組みづくりです。「タスクの洗い出し」や「外注先を探す」など、仕事でよくやっていることを家庭にも応用してみましょう。戦力が増えることで、夫婦の押し付け合いが減り、ぐっとラクになります。時間と気持ちに余裕が生まれ、家族の時間を楽しむことができます。この余裕の創出が、チームわが家の目的です。

「うちは実家が遠いし、知り合いもいないからチームは無理！」「人に頼むなんてハードルが高い！」という方でも大丈夫！　じいじ、ばあばといった従来型の人的リソース以外にも、現在は子育て世代が活用できるリソースがたくさんあります。（次ページ参照）

子どもも頼れるサポーターに

子どもも、大きくなったらパパとママを助ける強力なサポーターになってくれます。また、それが子どものいい成長の機会となります。

内閣府が２０１４年に行った青少年の意識の国際比較調査によると、日本の子どもにとって「誰かの役に立つ」という経験が自尊感情の向上と関係し

（続きは46ページ）

チームわが家

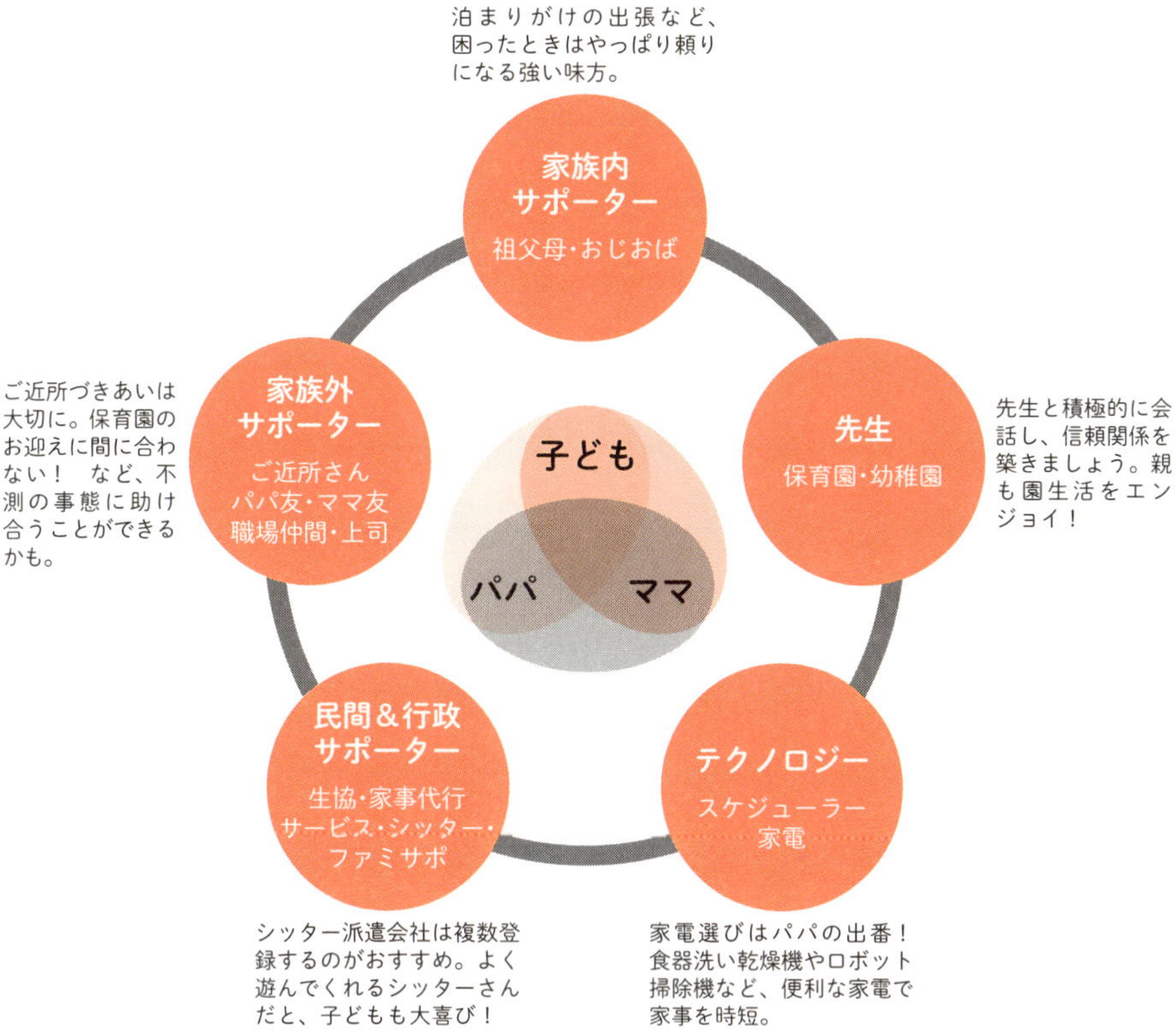
泊まりがけの出張など、
困ったときはやっぱり頼り
になる強い味方。
家族内
サポーター
祖父母・おじおば
先生
保育園・幼稚園
先生と積極的に会
話し、信頼関係を
築きましょう。親
も園生活をエン
ジョイ！
テクノロジー
スケジューラー
家電
家電選びはパパの出番！
食器洗い乾燥機やロボット
掃除機など、便利な家電で
家事を時短。
民間＆行政
サポーター
生協・家事代行
サービス・シッター・
ファミサポ
シッター派遣会社は複数登
録するのがおすすめ。よく
遊んでくれるシッターさん
だと、子どもも大喜び！
家族外
サポーター
ご近所さん
パパ友・ママ友
職場仲間・上司
ご近所づきあいは
大切に。保育園の
お迎えに間に合わ
ない！　など、不
測の事態に助け
合うことができる
かも。
子ども
パパ
ママ

二人だけで全部やろうとしなくてもいいんだ。家事代行サービスについてパパに調べてもらおうかな。

家事・育児の棚卸しチェックシート

1)パパ担当の項目に○、ママ担当の項目に✓、夫婦でシェアしている項目に☑、夫婦以外(祖父母、アウトソーシング、家電など)が担当している項目に☆をつけましょう(関係ない項目は斜線)。

2)自分が担当しているもので負担になっている項目を赤で囲みましょう。

育児						家事					
授乳・ミルク		保育園おむつ記名		衣服の管理(衣替え、サイズ)		朝食を作る		エアコン掃除		買い物(食料品、日用品)	
離乳食を作る		保育園常備用おむつ確認・補充		靴の管理(洗う、サイズ)		昼食・弁当を作る		玄関掃除		買い物(車、家、電化製品など)	
食事を食べさせる		連絡帳の記入		散髪		夕食を作る		靴を並べる		収入を得る	
子どもの食事の片付け		保育園・学校からの書類管理		読み聞かせ		朝食の後片付け		ベランダ掃除		家計の管理	
お風呂に入れる		送り(保育園・幼稚園)		子どもと遊ぶ		昼食の後片付け		ごみの分別		保険の管理	
子どもの髪を乾かす		迎え(保育園・幼稚園)		子どもの爪を切る		夕食の後片付け		ごみ出し		貯蓄・資産運用	
子どもの歯磨き		病気のときの緊急迎え		トイレトレーニング		献立を考える		洗濯をする		旅行の計画を立てる	
寝かしつけ		病院の受診		片付けを教える		部屋の掃除		洗濯物を干す		旅行の手配をする	
夜泣き対応		薬の管理				お風呂の掃除		洗濯物をたたむ		実家の両親のケア	
おむつ替え		予防接種・健診				お風呂のカビとり		クリーニングを出す		家事代行手配	
子どもの着替え		病気のときに仕事を休む				排水口の掃除		クリーニングを取りに行く		トイレ掃除	
翌日の衣服の準備		病児保育手配				洗面台の掃除(蛇口・鏡をふく)		シーツを洗う		台所掃除	
翌日の荷物準備(保育園・幼稚園)		シッター手配				窓ふき		布団や枕を干す			

ているそうです。家庭の中で役割を与えられることで、子どもの自尊感情が高まります。まだ小さくて手のかかる子どもも、ほんの数年で頼もしいチームメイトになってくれるはずです。

連携体制はパパとママ二人で構築しよう!

大切なのは、夫婦二人で話し合って仕組みづくりをすること。どちらか一人だけで構築を行うと、構築した方のみがリソースのマネジメントを担当することになり、結局ワンオペ体制が解消されません。家事代行サービスの手配はパパ、じいじとばあばへの連絡はママ、というふうに、リソースごとに調整担当者を分けるなど、体制づくりから二人で行うように心がけましょう。

チームわが家の構築は以下の手順で行ってみましょう。

ステップ1:棚卸し

上の表を使って、自分たちが抱えて

チームわが家確認のポイント

1. **ワーク（働き方）の確認**
効率&生産性 UP、スケジュール管理、優先順位、両立支援制度の利用
2. **リソース（資源）の確認**
民間、行政サービス、家電、親戚、友人、経済的リソース
3. **ニーズの確認**
家事・育児の分担、精神的サポート（話を聴く）、一人の時間
4. **ムダの確認**
家事の棚卸しと断捨離、簡素化
5. **トキドキ確認　コミュニケーションが鍵!**
「最近ちょっとうまくいっていないな」と思ったらすぐ相談して見直し。柔軟性が大切

いる家事・育児を棚卸ししてみましょう。誰がどれだけ家事・育児を担っているか、どの項目が負担となっているかを見える化するのです。

ステップ2：スリム化

表の家事・育児項目で省くものはないか、省かないけれど頻度を少なくすることはできないかを検討しましょう。例えば、掃除機を毎日かけているなら二日に一回にする、平日はごはんをワンプレートにするなど、負担に感じている家事をスリム化してみましょう。

ステップ3：再分配

棚卸しした家事を再分配します。夫婦でシェアなのか、分担なのか、誰が何を担うかを再検討し、どの項目をアウトソースするかも考えてみましょう。

ステップ4：実践!

最初は難しくても、ルーティーンになってしまえば負担はぐっと減ります。きちんとやろうとすると疲れてしまうので、ある程度フレキシブルに行うのがコツです。

定期的な確認で連携をよりスムーズに

一度構築した両立体制も、しばらくするとギクシャクしてくることがあります。そのときは一度立ち止まって、上に挙げた確認ポイントを見直してみましょう。

子どもの成長や仕事の状況に応じて、体制の調整や、自分の働き方を少し変える必要が出てくるかもしれません。自分は大丈夫だと思っていても、家族やパートナーが負担に感じる部分もあるかもしれません。チームわが家ではコミュニケーションが重要になります。**「うまくいっていないな」と感じたら、すぐにパートナーと相談しましょう**。忙しい場合は記録が残るSNSを活用するのも一案です。

PART 2

7

パパ友、ママ友、ご近所は強い味方

子どもは地域へのパスポート!

子どもと一緒にご近所に積極的に挨拶

例えば、子どもと一緒に近所の商店街を歩くと、歩く速度がゆっくりなせいか、お店の人たちと笑顔で挨拶をすることが増えます。子どもが街の人たちとの交流の機会を増やしてくれる、つまり橋渡しの役割を果たしてくれるのです。

その地域に住んでいるのは子育て世帯だけではありません。子どもがいない、または子どもが巣立った世帯もいます。そういう人たちにも積極的に挨拶をして、顔見知りになりましょう。**子どもたちにとっても、いつも挨拶をするご近所さんが増えることが安心につながります**。ぜひ、自分から笑顔で挨拶することを心がけましょう。

仲間が増えれば苦しさ半分楽しさ倍!

初めての育児は不安が多いものです。子どもを寝かす時間や離乳食を始める時期など、わからないことだらけです。

そんなとき、パパ友・ママ友がいれば、同じ悩みを共有することができ、育児のしんどさは半分になります。また、さまざまなイベントも、パパ友・ママ友と一緒に過ごせば楽しさは倍になります。

パパ友・ママ友のメリット

1. 育児の苦労や悩みを共有できる
2. 子どもとの遊びの幅が広がる
3. 子どもが親以外の大人と関わる機会が増える
4. 近所の病院や保育園の情報交換ができる
5. 先輩パパ友・ママ友は育児のロールモデル

子どもができると
周りのパパが
目につくようになる

パパネットワークの広げ方

【保育園・幼稚園で】
・保育園・幼稚園に行こう!

保育園・幼稚園には、同じくらいの年齢の子どもをもつパパがいるので、パパ友をつくるチャンスです。そのためには、送迎を担当するなど日常的に通うことが大事です。時間も限られているため長い話はできませんが、日々、顔を合わせ、挨拶をしていると、家族同士での食事や遊びに誘いやすくなります。

【地域のイベントで】
・イベントを一緒に成し遂げよう

パパ友をつくろう、と意気込んでも、なかなか上手くいかないこともあります。というのも、友だちづくりが苦手なパパは多いからです。そんな場合、地域のお祭りやイベントの実行委員に思いきって手を挙げてみるのもいいでしょう。何かを一緒に成し遂げる過程で、自然と同じ地域のパパ友ができるようになります。

【趣味を通じて】
・自らの趣味と子どもをリンクさせよう

子どもが生まれる前から続けている趣味があれば、それに子どもを巻き込むこともパパ友づくりにつながります。例えば、パパにサッカーや野球の経験があり、同じスポーツを子どもがやる場合は、コーチやチーム運営のサポートに参加してみましょう。定期的に同じ趣味をもつパパたちに出会え、パパネットワークが広がります。

遊びや関係性の幅が広がる

家族だけだと遊びに行く場所が偏りがちですが、**パパ友・ママ友がいると遊びの幅が広がります。**あなたがインドア派でも、アウトドアが得意なパパ友・ママ友がいれば、一緒にキャンプや釣りに行けるかも。子どもが多様な価値観にふれるチャンスです。

地域の情報、育児の予習

育児期は地域のさまざまな情報が必要になります。例えば、病院や子連れで行けるお店の情報は、インターネットではわからないことが多く、パパ友・ママ友からの情報が非常に役に立ちます。少し年齢が上のお子さんがいるパパ友・ママ友がいると、わが子が成長したときの家族の姿を具体的にイメージすることができます。

PART 2

8

祖父母世代とのつきあい方

考え方は違ってアタリマエ。

孫に関わりたくない祖父母もいる

両家の祖父母に妊娠を報告するとき、「これからお世話になることも増えると思うので、よろしくお願いします」の一言を添えましょう。

関係があまり良好でない場合は、出産のときに必ず挨拶をするようにします。このタイミングを逃すと、なかなか改まった挨拶をする機会がなく、切り出しにくくなってしまいます。

また、「祖父母はみんな孫が好きなはず」と思っているかもしれませんが、実はそうでもありません。「子どもの面倒をみるのは、もうこりごり」という人もいます。両家の祖父母たちのタイプを見極めて、無理のない範囲でのサポートをお願いしましょう。

産後のトラブルを防ぐには事前の情報提供を

お互いの住まいの距離にもよりますが、祖父母とのトラブルが一番多いのが、新生児期です。その原因のひとつに、赤ちゃんのお世話の仕方の世代間ギャップが挙げられます。52ページの「子育ての常識　今昔の違い」を読むと、**時代によって、スタンダードとされる育児方法がずいぶん違う**ことがわかると思います。祖父母にもコピーを渡しておくとよいでしょう。

3歳までは、子育て、しつけのルールを共有

パパ・ママと祖父母との間でしつけのルールが共有されていないと、一番混乱するのが子どもです。3歳までは、パパ・ママ、両家で共有し、どこに行っても、ダメなものはダメにしましょう。2歳を過ぎる頃から、子どものほうが賢くなり、「これはパパだとダメだけど、じいじに言えば大丈夫」など、使い分けてくるので、そのときは臨機応変に対応しましょう。パパ・ママと一緒にいるときとは違う世界を見せることも、祖父母の大きな役割のひとつです。

祖父母世代と円満につきあうための5カ条

1. 自分たちの考えと祖父母の考えは違う

夫婦の考え方も違えば、祖父母たち一人ひとりの考え方も違います。6人6色。違うからこそ、子どもたちにとって、祖父母の存在は価値があるのです。

2. 相手のタイプを見分ける

孫の面倒をみるよりも、自分の人生を謳歌したい人もいます。孫の面倒を見たいタイプなのか、距離をおきたいタイプなのか、見極めよう。

3. 「ありがとう」を言葉で伝えよう

祖父母が何かしてくれることは、当たり前ではありません。特に娘（ママ）と実母（祖母）の間で忘れがちです。ときにはパパが「いつもありがとうございます」とフォローに回りましょう。

4. お金をもらったら、口と手がついてくる

「お金だけくれて、余計なことを言わない」がパパとママにはベストでしょうが、そうはいきません。もらったら、必ず口と手がついてきますよ。

5. 祖父母が孫と一緒にしたいことを聞こう

祖父母にも、夢があります。自分たちからのお願いばかりでなく、祖父母が孫と一緒にしたいことを聞いてみてください。

自分の親と妻どちらを守る？

パパにとって一番難しいのが、親とママの意見が分かれたときに、どちらの意見を尊重するのかということだと思います。ズバリお答えしましょう。ママです。

祖父母、特に自分の両親とママとの関係づくりに大切なのは、**自分たちが「どんな子育てをしたいのか」を固めておく**ことです。夫婦の考えをまとめ、「We」（私たち）を主語にしてそれを伝えてください。

よく「オレは、どっちでもいいんだけど、ウチのがこう言っているから」とママのせいにしてしまう人がいますが、これはNGです。両家の祖父母との関係づくりは、全て子どもためです。祖父母の愛がわが子に注がれるよう、良好な関係づくりに努めましょう。パパ、がんばって！

子育ての常識　今昔の違い

昔

抱っこ
抱き癖がつかないように、泣いても放っておいた。

ミルク神話
母親の栄養状態もあまりよくなかったので、ミルクを推奨。丈夫で頭のいい子が育ち、母親の体型も崩れないと、ミルク育児がステータスに。

水分補給は白湯で
お風呂上がり、お散歩から戻ったときの水分補給は白湯。

果汁・離乳食
ビタミン不足を補うために、果汁を２カ月頃から与え、４カ月頃から離乳食を開始。

大人の口でかみ砕いて子どもに与える
自分が食べているものを、自分の箸で、子どもに食べさせる。

日光浴
天気のいい日に、室内で足先の方から１日に10分ずつ、少しずつ日光の当たる範囲を広げ、日光浴をさせる。

母親は子を育て、家を守る
３歳までは母親が子育てに専念するべきという「三歳児神話」があった。

今

抱っこ
泣いたらすぐに抱っこ。「泣いたら抱いてもらえる」は、親と子の愛着形成の第一歩。

まずは母乳で
まずは母乳にトライしてみる。母乳が足りない場合は、ミルクを足す。足す、足さないの判断は、医師が健診で行う。

水分補給も母乳で
基本は母乳。ミルクを足している場合は、白湯やノンカフェインのものを。

果汁・離乳食
離乳食開始前は、母乳（＋ミルク）のみでOK。おすわりができ、食事に興味が出てきたら離乳食スタート。

自分の箸を、子どもには使わない
虫歯菌は大人の口や箸からうつることがわかったので、子ども用のもの、またはとりわけ用を使う。

外気浴
紫外線が強い時間帯を避け、1カ月健診でOKが出たら、10分くらいずつ外気浴をする。

母親も働きながら子育て
専業主婦よりも、共働き家庭が増加。

PART 2

9

夫婦でキャリアワーク

共働きは大変だけど、メリットもたくさん！

こんなに大変なのにどうしてうちは共働き？

「ところで、うちはどうして共働きなんだっけ？」こんなことを夫婦で話してみたことはありますか？ 家事に育児に仕事に、常にバタバタ大忙し。それでも共働きを続けている理由はなんでしょう。共働きパパ＆ママたちに尋ねてみると、以下のような答えが返ってきます。

・**自分自身にプラス！**

「社会で活躍できる機会や、仕事を通して成長できる機会を得ることができる」という自身へのメリットももちろん、「子どもと離れて社会と関わる時間があることで、育児ストレスが軽減される」と、子どもとのいい関係を保てるメリットもあるようです。

・**家族にプラス！**

「経済的に安定する」「家計に余裕ができる」など、家計の面でのメリットや、「夫婦で稼得役割と世話役割の両方を担うことで、リストラや病気にも対処できる」「夫婦の一方のみが大黒柱プレッシャーを感じなくてすむ」など、リスクヘッジや責任感の軽減につながるという考え方もあります。

・**子どもにプラス！**

「夫婦二人で働くことのロールモデルを示すことができる」「保育園の先生やシッターさんといった、親以外の人と関わる機会ができる」など、子どもの成長や自立を促すいい機会になるという声もあります。

「共働き」は大変なことばかりでなく、メリットもたくさん。それを夫婦で確認するだけでも、結束を固めるいい機会になります。

夫婦両方のライフとワークの実現は仕事にもプラス

共働き夫婦を対象に行った内閣府の調査（次ページ図参照）によると、生活から仕事への肯定的な影響（スピルオーバー）が、仕事のパフォーマンスや職務満足度に影響することがわかっています。生活の充実は仕事にもプラ

（続きは56ページ）

生活が仕事のパフォーマンスにもたらす肯定的な影響（スピルオーバー）

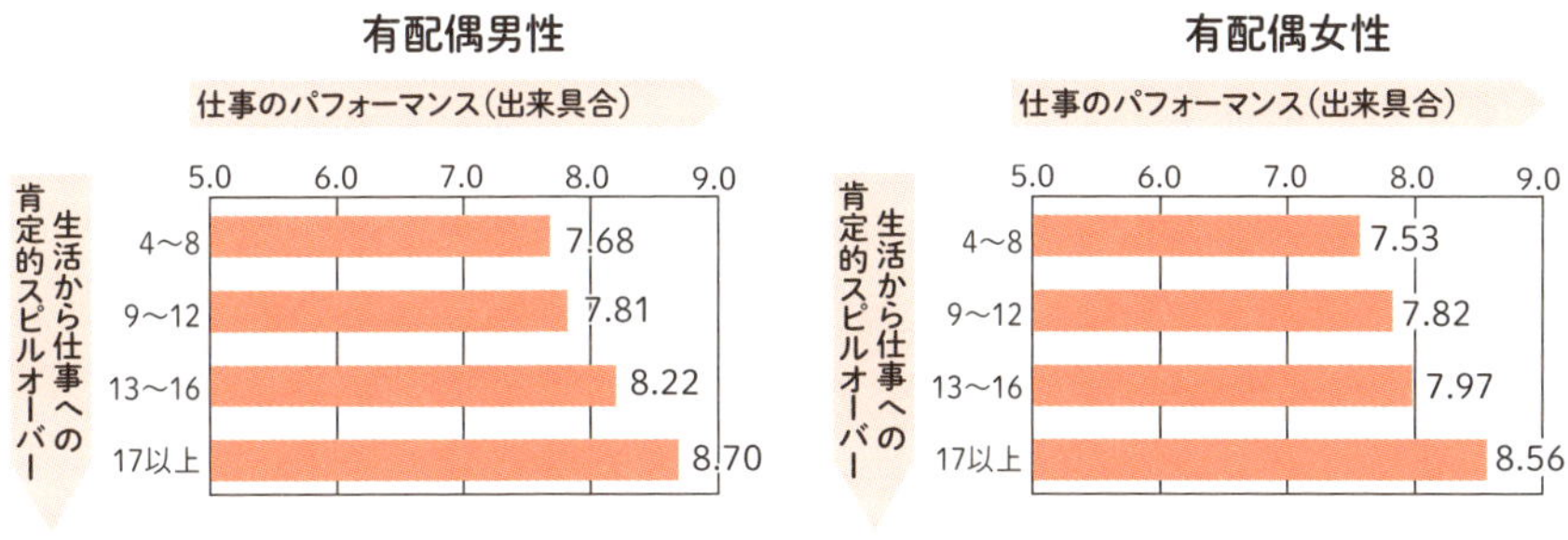

※図中の数字は、「仕事の出来具合」を、最低１～最高10の10段階で尋ねた得点の平均。

生活が職務満足（仕事キャリア）にもたらす肯定的な影響（スピルオーバー）

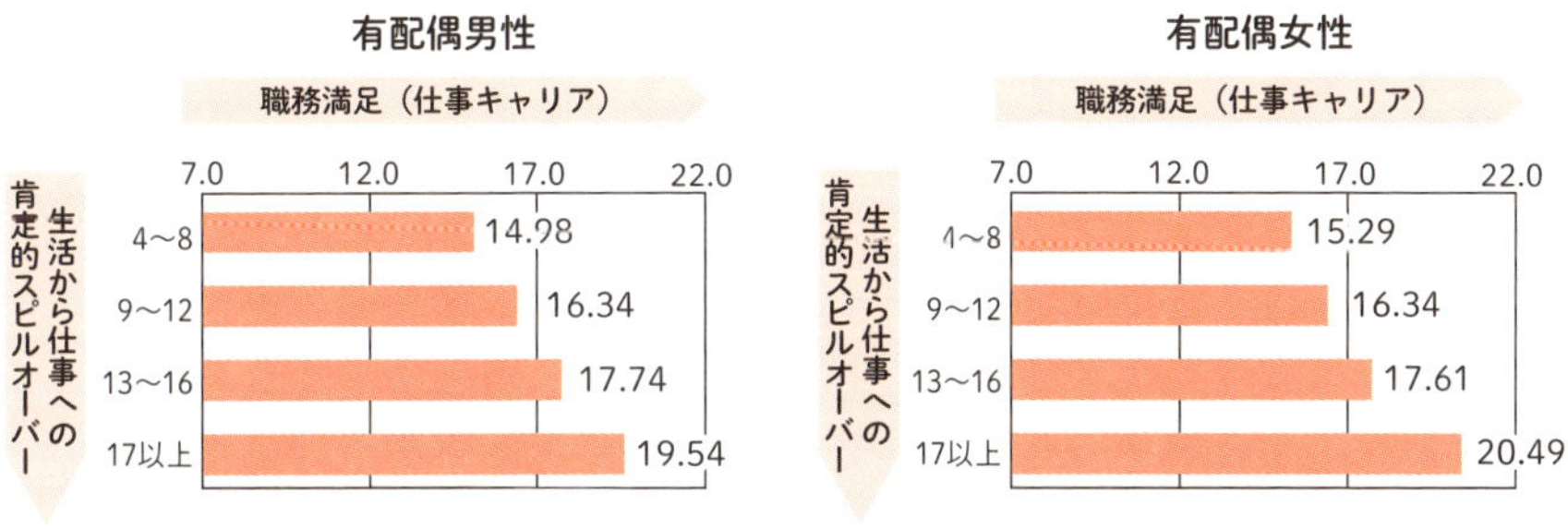

※図中の数字は、「職務満足（仕事キャリア）」の得点の平均。「職務満足（仕事キャリア）」は、「仕事を通じての自分自身の成長」「仕事の内容」などの満足度を５段階（１～５点）で尋ねた合計得点（最高25点）。
※「生活から仕事への肯定的スピルオーバー」とは、「プライベートな時間を過ごした後は、仕事をより楽しめる」などの質問に対し「全くない（１点）」～「いつもある（５点）」までの５段階で尋ねた合計得点（最高20点）。

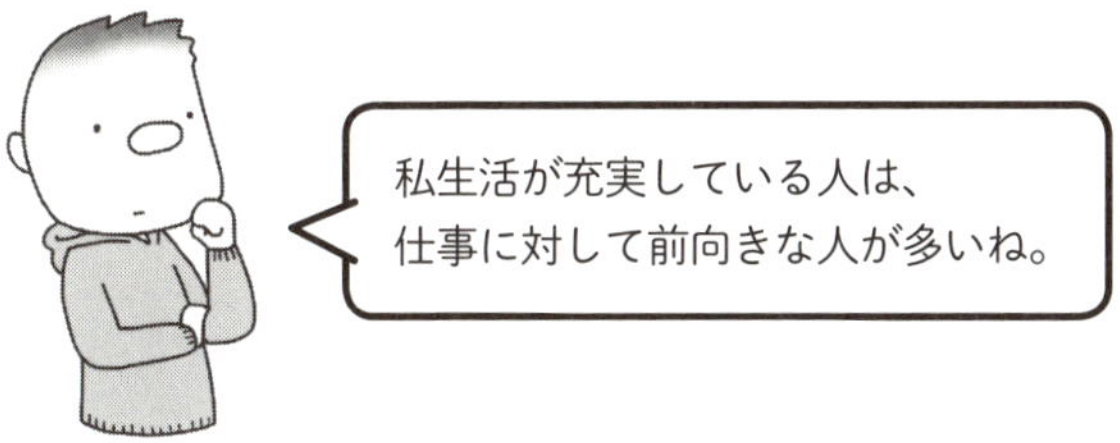

出典：内閣府「「ワーク」と「ライフ」の相互作用に関する調査報告書」（2011年）

具体的なキャリアプランの共有シート

○年後		現在	1年後	2年後	3年後	4年後	5年後	6年後	7年後	8年後	9年後	10年後
西暦		年	年	年	年	年	年	年	年	年	年	年
パパ		歳	歳	歳	歳	歳	歳	歳	歳	歳	歳	歳
ママ		歳	歳	歳	歳	歳	歳	歳	歳	歳	歳	歳
第1子	年齢	歳	歳	歳	歳	歳	歳	歳	歳	歳	歳	歳
	学年											
第2子	年齢	歳	歳	歳	歳	歳	歳	歳	歳	歳	歳	歳
	学年											
第3子	年齢	歳	歳	歳	歳	歳	歳	歳	歳	歳	歳	歳
	学年											
パパ実家	じいじ	歳	歳	歳	歳	歳	歳	歳	歳	歳	歳	歳
	ばあば	歳	歳	歳	歳	歳	歳	歳	歳	歳	歳	歳
ママ実家	じいじ	歳	歳	歳	歳	歳	歳	歳	歳	歳	歳	歳
	ばあば	歳	歳	歳	歳	歳	歳	歳	歳	歳	歳	歳
ライフイベント(出産、入学、住宅購入、旅行など)												
働き方(両立制度の利用等)	パパ											
	ママ											
キャリアプラン(やりたい仕事、資格、役職等)	パパ											
	ママ											

スになるということです。さらに、夫婦間では、生活と仕事の満足度がクロスオーバーするといわれています。**妻の仕事と生活が充実していれば、夫の仕事と生活も充実するというのです。**

夫婦の働き方やキャリアの希望を共有していますか？

「仕事のことは夫婦で共有しない」という人が多いのですが、「働くこと」について夫婦で話すことは、両立体制の構築や、夫婦関係の改善にプラスです。仕事についての価値観を共有している夫婦は、お互いの仕事に対して尊敬の念を抱き、キャリアをサポートしようという姿勢がみられます。

特に、妻は夫の働き方やキャリアプランの残余部分で自分の働き方やキャリアを決める傾向があります。また、時間的余裕がある妻が家事・育児を担う負担感から、社会復帰や就労継続、キャリアアップをあきらめてしまう女性も多いです。**今は子育て優先の働き方をしていても、本当は違う働き方やキャリアを望んでいるかもしれないのです。**

可能であれば、前ページのワークシートを使って見える化するのもいい方法です。

見える化は妄想レベルでも問題なし

日々仕事と育児に追われている状況で、5年後、10年後のキャリアについて考えることは、ママにとって簡単なことではありません。「こうしたい」という希望があっても実現する自信をなかなかもてなかったり、「中長期的キャリアプラン」というとハードルが高いこともあります。

そういう場合は、「子育て中でも少しずつ成長しながら働き続けていたい」「下の子が3歳になる頃にはフルタイムで働きたい」という「どのくらいのペースで働きたいか」について、ざっくりとしたイメージを聞いてみるだけでもOK。

もちろん、ママが「来年は昇進したい！」「プロジェクトに挑戦したい！」と意欲的な場合はお互いのキャリアプランを具体的に共有して、どうしたら実現できるかを話し合うのもいいでしょう。

自分たちのペースに合った方法で共有してみてください。

ママの夢
ママの職場復帰について家族会議中―
子どもが大きくなったらやりたいことがあるんだ
お！いいね！
で、何がしたいの？
ふふふ それはですね……
小説家！！東○圭○みたいな売れっ子になる！
ばーーん！
えーっ!?
ぐっ
というわけで、直木賞取ったときのスピーチ考えたから、ちょっと聞いてくれる？
えっ？ていうか小説書いてるの？
まだ
まだかよ！
うふふふ

育児 プチ名言 ～ママからパパに一言編～

パパの視点ではいろいろと気づかないことも多いもの。ママの言葉にはっとさせられます。

”子どもをお風呂に入れるのなら、入浴後の世話もして“

入浴後は子どもを着替えさせ、髪を乾かして歯磨きまでやって「お風呂」。子どもを先に出して自分はゆっくりと風呂につかって……はもってのほか、とのこと。反省。

”パパが育児や家事をどれだけやっているかで、その後のパパの居場所が決まる“

ママや子どもたちは、案外パパの行動を見ているらしい。実際、何もせずに仕事ばかりしていると家庭ではやや居心地が悪い。

”飲み会の予定は前もって言って！“

私は予定を入れるときお伺いを立てなきゃいけないのに、パパは「飲んで帰る」の一言で済むのが腑に落ちない！と妻から。

PART 3

パパになるための基礎知識

子どもはどういうふうに成長するの?
将来、子どものために必要なお金ってどのくらい?
まずは「パパの基礎知識」を身につけることから始めましょう。

PART 3

1

子どもの成長・発達のステップを知ろう

子どもは中心から末端へ成長していく。

体の発達は、「上から下へ」「中心から末端へ」

生まれてから数年間に、赤ちゃんの体はすさまじい成長をとげます。61ページの表は、その発達を示したものですが、子ども一人ひとりには個性があり、個人差も大きいので、すべてこの通りにいくわけではありません。しかし、**発達には基本的な順序性があり、子育てには大事な順番がある**ということは覚えておきましょう。

赤ちゃんの運動機能は上から下へと発達していきます。基本的には、目、首、腕、腰、脚の順に発達していきます。動作の順番の目安としては、「首がすわる」、「寝返り」、「おすわり」、「よつばい」、「つかまり立ち」、「一人歩き」です。

この発達のみちすじを丁寧にたどっていくことが大切です。**何でも早くできればよいというわけではないので注意しましょう**。

例えば、「おすわり」は大人にすわらせられるのと、自分ですわるのとでは、腰にかかる負担が違います。「自分ですわること」が重要なのです。「はいはい」を始める前から「おすわり」を長時間していると、その姿勢を気に入ってしまい、うつ伏せや「はいはい」をしようとしなくなってしまいます。

背中や腰がすわっていないのにおすわりの練習をしたり、腰や脚がしっかりしていないのに立つ練習をしたりする必要はないのです。

もうひとつ、中心から末端へという発達の方向性も覚えておきましょう。まず体の中心がしっかりしてから、肩、腕、手、手のひら、指先と末端へ発達していきます。

歩行が安定すると、運動機能が発達します。肩から腕をぐるぐると動かすようになり、クレヨンなどを持たせると曲線をなぐり描きするようになります。徐々にひじから先を動かして描くようになり、それから手首の先や指先を細かく使って、線や絵を描けるようになります。

子どもの発達の目安（0歳）

※発達には個人差があります

月齢	発達の様子	大変なこと
1～2カ月	・動くものを目で追う ・手をじっと見る、口に運ぶ	・頻繁な授乳 ・睡眠不足 ・外界との隔絶
3～4カ月	・首がすわる、うつ伏せで遊ぶ ・あやすと笑う ・何でも舐める 	・抱っこによる全身疲労 ・夜泣きや寝ぐずり ・黄昏泣き
5～6カ月	・昼夜の区別がでてくる ・寝返りをする ・人の顔の識別ができる ・喃語（なんご）が増える	・人見知り ・風邪などにかかりやすくなる
7～8カ月	・睡眠リズムが整ってくる ・おすわりや腹ばいをする ・前歯が生える 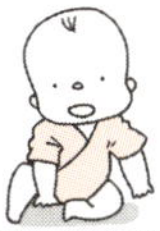	・あと追い ・思わぬ事故やけが ・人見知り
9～10カ月	・よつばいやつかまり立ちをする ・つかんだものを意図的に離す ・いないいないばあを喜ぶ ・ほしいものを指さす 	・転倒や転落 ・何でも口に入れる ・夜泣き
11～12カ月	・一人で立つ、伝い歩きをする ・大人の行動のまねをする ・投げる、ひっぱるなどの動きをする	・いたずらが増える ・危険予知と対策

「自分は大切にされている」と実感することが成長の土台に

赤ちゃんは泣くことで自分の要求を表現し、周りに伝えます。自分の伝えた欲求や要求が、かなえばかなうほど、その相手を信じ、その相手を通して周りの人々を信じるようになります。それは自分自身を信じることにもつながっていくのです。

これを心理学者のエリクソンは「基本的信頼」と呼びました。基本的信頼は、0歳から1歳半頃までに最も豊かに育つといわれ、すべての成長の土台となります。

このような周囲との関わりの中で、子どもは望んだことをかなえてもらう経験をします。「ありのままの自分」を承認されることで、「自分は大切にされている」という安心感や希望をもつことができるようになります。

子どもの発達の目安（1～3歳）

年齢	発達の様子	この時期の関わり方
1歳	・自由に探索をする ・ボールを投げる ・積み木を３～５個ほど積み上げる ・見比べて選ぶ ・質問に指さしで答える ・一語文が増える 	親の生活に影響を受けやすい時期。早寝早起きの生活リズムがつく工夫を。
2歳	・走る、跳ぶ、登る、くぐるなど基本的な動作ができる ・「ナニ？」「ドウシテ？」と質問魔に ・「大きい―小さい」「多い―少ない」などがわかる ・「みたて」「つもり」で遊ぶ 	自分でできること、したいことが増える。しようとする姿を見守って、手伝うときはさりげなく。言葉のコミュニケーションを楽しんで。
3歳	・片足立ちや階段の上り下りが上手になる ・排尿便をコントロールできる ・自分の名前を言う ・ごっこ遊びを楽しむ ・自分より人のことの方がよくわかる 	イメージが豊かに広がる時期。積み木やねんどなど、いろいろな形に変化するものを使って一緒に遊ぼう。 大人のしていることに興味津々。簡単なお手伝いを一緒にさせてあげて。

母性を先に父性を次に与えること

「母性」とは、このように子どもを無条件で受け入れ、愛するという感性のことです。一方、規律、約束、義務、努力など、社会で生きていくうえで大切なことをしっかり教えていくのが「父性」です。

世界的な児童精神科医であり、子育てに関する数多くの名著を記した佐々木正美氏は、「母性と父性はそのバランスよりも、順番こそが大事」と言っています。

つまり、「そのままのあなたが大好き」と十分に愛情を注いでから、そのあと少しずつ「こうしなければいけない」というルールを教え、しつけをしていくことが重要なのです。

「母性」＝ママ、「父性」＝パパというイメージをもっているかもしれませんが、そうではありません。「母性」はマ

PART 1
PART 2
PART 3
パパになるための基礎知識

魔の2歳児!? イヤイヤ期とは

自我が誕生すると、子どもは「自分は親の一部ではない」というアピールをし始め、「イヤ！」と反発するようになります。

この時期は、親の指示で動かそうとせず、選択肢を与えるなど、子どもが自分の意思で動けるように導くと、「イヤ」をこじらせにくくなります。

しかしこれも間もなく「どっちもイヤ！」になり、さらに「ボクを尊重して！」という自我の要求が加わり、それをないがしろにされると、だだをこねまくります。

何でも要求をきくのではなく、「これがほしかったんだね」などと「思い」は汲み取ってあげるようにすると、子どもは次第に「尊重された」と感じるようになり、自分で気持ちをおさめられるようになっていきます。大変な時期ですが、気持ちの折り合いをつける練習にしばらくつきあいましょう。

子どもの発達で悩んだら

幼い子どもの発達は個人差が大きいもの。よく動き回る子もいれば、おとなしい子もいて個性もさまざまです。それでも自分の子どもの発達がゆっくりだと感じたり、育てにくさを感じたりするなら、相談できるところを見つけましょう。

近所の子育てセンターのスタッフや定期健診時の保健師さん、かかりつけの小児科の先生、保育所に通っているなら保育士さんなどが、心強い相談相手になってくれるでしょう。必要に応じて、専門機関にもつないでくれます。

子育ての不安は一人で抱えていてはしんどくなります。ママが悩んでいるなら、まずパパはそれに気づいて、耳を傾けましょう。子どもは元気ですか？　ママは笑っていますか？　パパは、家に帰ったら子どもとママの顔をよく見ることが大切です。

マだけがもっているものではないのです。子どもが幼いうちは、ママだけではなく、パパも一緒に「よしよし」「かわいい、かわいい」と子どもを受容してあげてください。

子どもが何度失敗しても根気よく励まして

「母性」が子どもにしっかり伝わってからが「父性」の出番です。子どもに、してよいこと・してはいけないことを根気よく教えていきましょう。特に、パパにはこの「根気よく」を心がけてほしいと思います。

ママが父性を発揮するなら、パパが母性担当でも構いません。大切なのは、子どもに与える順番なのです。

目指すは、「子どもが何度失敗しても、励まし続けるパパ」です。子どもにとって、何よりも頼もしい味方になることでしょう。

PART 4
PART 5
PART 6

PART 3

2

母乳・ミルクについて知ろう

ママは24時間体制、パパのサポートは必須。

母乳とミルク、それぞれのメリット

母乳

- 栄養のバランスがいい
- ママから免疫物質がもらえる
- ママとの信頼関係を育める
- あごや脳の発達を促す
- アレルギーが予防される
- ママの産後太りの解消
- ママの乳がんリスク低下

ミルク

- 腹持ちがいい
- ママ以外からも授乳してもらえる
- 飲ませた量が明確
- 授乳間隔が長い
- 卒乳がスムーズ

ママの笑顔が一番の栄養

ママと赤ちゃんの絆を強くしてくれるのが授乳です。ママは母乳を与えることで、わが子に無条件の愛情を募らせ、母親としての自覚をより確かなものにしていきます。

その一方で、産後のママはホルモンバランスが崩れて（26ページ参照）、情緒不安定になりやすい時期でもあります。

授乳は、母乳が思うように出なかったり、うまく授乳が進まなかったりと、ママがナーバスになってしまうことも多いものです。パパは、「絶対、母乳の方がいいよ」「母乳足りてないんじゃない？」などのよけいなアドバイスをするよりも、「何かできることある？」とママに寄り添う姿勢を見せることが大切です。

母乳でもミルクでも、**ママが笑顔で赤ちゃんに接することができるのが一番**です。ママが望む方法を尊重しましょう。

授乳中のママは、24時間体制。パパのサポートが不可欠です。授乳後のゲップ出しからはパパが担当したり、ミルクの準備や哺乳瓶の消毒などをしてくれると、とても助かります。ミルクを飲ませる機会があるのなら、ぜひパパもやってみてください。

授乳3タイプ　何が違うの?

	完全母乳育児（完母）	混合育児（混合）	完全ミルク育児（完ミ）
つまりどういうこと?	昼夜問わず、数時間おきにママが必ず母乳をあげる ママとしての幸せは感じやすいが、食べ物や外出が制限される	まずは母乳、そのあとにミルクを足す 思うように母乳が出ないという場合や、いざというときを考えてミルクを選ぶ場合も	100%ミルクをあげる。仕事復帰や預けることを考えてという場合もあれば、母乳が出ない、ママの健康状態が悪いということも
パパができることは?	・「ミルクでいいんじゃない?」は禁句 ・休日や休日前夜など、できるときにママの睡眠時間を確保 ・外出前に授乳室の場所を調べる	・「もう出ないの?」「足りないの?」は禁句 ・ミルクの準備や消毒 ・ミルクのときの授乳を担当	・「母乳の方がいいよ」は禁句 ・ミルクの準備や消毒 ・授乳を交代で担当
ママのホンネ	・好きな物を食べて、ゆっくり寝たい! ・外出したいけど授乳どうしよう?	・母乳足りてないのかな?　少しでも母乳を飲ませたい ・ミルクを与えすぎると母乳が詰まり、トラブルに	・できれば母乳を飲ませたい ・調乳や消毒が面倒 ・外出時の荷物が増えて大変

※全てのケースに当てはまるわけではありません

そして、授乳中はテレビやゲームは消して、落ち着いた雰囲気の中で見守ってあげましょう。たまには**夜中の授乳で一緒に起きてくれたりすると、ママの孤独感が和らぎます。**

授乳中は上の子のケアもパパの役目

授乳タイムは赤ちゃんとママにとって、とても濃密で幸せな時間です。それゆえに、兄姉がいる場合、上の子にとっては、ジェラシーを感じる時間になることもあります。

そんなときこそ、パパが上の子とスキンシップをとってください。「きみが赤ちゃんだったときも、こうしてママのおっぱいを飲んでいたんだよ」などと話しながら、上の子に〝パパとママは、きみのこともとっても大事に思ってるんだよ〟ということを伝えてあげましょう。

PART 3

3

離乳食と幼児食

「おいしいね」の言葉を赤ちゃんとママに！

離乳食4つのステップ

ゴックン期
5〜6カ月頃

1日1回。アレルギーの心配の少ないお粥1さじから。栄養の中心は母乳やミルク。唇を閉じてゴックンと飲み込む練習の時期。

ポタージュ状

⇩

モグモグ期
7〜8カ月頃

1日2回。柔らかいものなら舌で上あごに押しつけてつぶせるようになる。自分でつぶして食べる楽しさを覚える。

豆腐くらい

⇩

カミカミ期
9〜11カ月頃

1日3回。奥の歯茎で食べ物を噛めるようになり、手づかみ食べも始まります。「自分で食べたい」意欲を大切に。

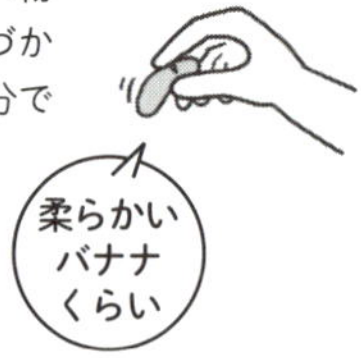
柔らかいバナナくらい

⇩ 完了！

パクパク期
1歳〜1歳6カ月頃

1日3回の離乳食と1〜2回の間食。前歯でかじり取ったり、手づかみ食べを十分に。徐々にコップやスプーンも持たせてあげて。

肉だんごくらい

ママのイライラは必死さの証

「離乳」とは、母乳やミルクなどの乳汁栄養から幼児食に移行する過程のことです。「飲む」から、「取り込む」「噛む」「飲み込む」といった、食べるための動きを1年ほどかけて少しずつ練習していきます。大人の食事に興味をもったり、よだれを出すようになったりしたら、離乳食のスタートです。

離乳食で大切なのは、赤ちゃんの様子をよく見ながら、焦らずゆっくり進めていくこと。そして、食べさせる人が「食べることは楽しい」と赤ちゃんに伝えることです。

料理もまた楽し

離乳食・幼児食・間食　それぞれの役割

離乳食	赤ちゃんの発育に伴って、母乳やミルク以外の食物による栄養素の補給が必要となってきます。それを補うのが離乳食です。離乳食を進める過程で、赤ちゃんは噛むことを覚え、飲み込むことができ、さらに消化機能が発達していきます。また、離乳食は赤ちゃんの五感を豊かにし、心身を成長させる役割があります。いろいろな味や舌ざわり、自分で食べる楽しさを経験するこの時期が、将来の食生活の基盤となります。
幼児食	離乳食を終えた１歳頃から５歳頃までの食事のことを幼児食といいます。まだ大人と同じ大きさや固さ、味つけのものを食べるというわけにはいきません。心身ともに発達が盛んな子どものペースに合わせた食事をとることは、子どもの体の成長や味覚の発達などを促す役割をもちます。また、周りの人と一緒に食べることで、食べることへの興味や楽しみ、食事のマナーなどを学びます。
間食	間食というとおやつ＝お菓子と考えがちですが、赤ちゃんの場合、一度の食事で多く食べることができないので、間食は、足りないエネルギーや栄養素を補う軽い食事という位置づけです。成長に伴い、さまざまな形や色、大きさ、食感を体験することができるようになり、３歳過ぎになると「おやつとしての楽しみ」の要素も重要になります。１日３回の食事を妨げない程度の量とタイミングで、好きなものを楽しく食べる経験が大切です。

とはいえ、**離乳食の進み方は個人差が大きい**です。思い通りにいかないことも多々あり、不安を抱えるママも多いのです。せっかく手間暇かけて作った離乳食を食べてくれなかったり、ぐちゃぐちゃにされたりすると、イライラしたり、悲しくなったりしてしまいます。ママは一生懸命だからこそ「食べさせること」に必死になってしまいがちです。

パパも一緒に「おいしいね！」

そんなときこそ、パパの出番。パパが「おいしいね」と言いながら楽しく食事する様子を見せてください。**赤ちゃんはパパの姿を通して食事に興味をもちます**。食べることがワクワクにつながるように工夫してみてください。スプーンを持ち「発車！　ビューン……パクッ！」なんて、食べさせてあげましょう。

PART 3

4

食に関する危険や不安

食べることは
生活の基本。
丁寧に関わる。

0歳児にはちみつはNG！

２０１７年に厚生労働省から「蜂蜜を原因とする乳児ボツリヌス症による死亡事案について」という、注意喚起のための発表がありました。日本国内で、はちみつの摂取が原因で5カ月の赤ちゃんが亡くなってしまったためです。「はちみつは体によい食材」というイメージがありますが、まれにボツリヌス菌が混入していることがあり、実は1歳未満の乳児には危険な食材なのです。このように、離乳食期の赤ちゃんには与えてはいけない食材がいくつかあります。

子どもを守るのは大人の責任

大人と子どもは体の仕組みが違います。特に、乳児は体の仕組みが大人のように整っていません。また、自ら危険を察知し、回避することもできません。ですから、**子どもを守るのは大人、つまり保護者の責任**なのです。パパとママが、子どもにとって危険な食材を把握しておく必要があります。

食材・調理に気をつけて食の安全を心がける

食べることは人の営みの基本です。それと同時に食べることは楽しみでもあります。しかし子どもにとっては、衛生面・安全面で危険がつきまといます。特に調理については次の2点に注意し、配慮しましょう。

・食材の安全性

大人にとっては何も問題がなくても、子どもにとっては危険であったり、避けた方がよい食材が存在します。子どもは体が小さく、抵抗力も低いので、食材の影響をダイレクトに受けてしまいます。**常に新鮮な食材、安全な食材を使用する**意識をもちましょう。

・食物の調理法

子どもにとってふさわしくない調理法や避けた方がよい調理法などがあり

（続きは70ページ）

離乳食NG食材

大人からするとなんでもない食材や形が、子どもには危険なことにつながります。無理する必要はないので、ゆっくりと様子を見ながら離乳食を進めていきましょう。

はちみつ

ボツリヌス菌が含まれている場合があります。腸が未成熟な乳児はボツリヌス菌を吸収してしまい、中毒を起こす恐れがあります。1歳を過ぎるまでは避けましょう。

エビ・カニ

いわゆる甲殻類です。アレルギーを起こしやすいもののひとつです。幼児になってから、様子を見ながら食べていきましょう。

貝

ノロウイルスによる食中毒の可能性があります。加熱をすればよいのですが、乳児には避けておく方が安心でしょう。

山芋

アクが強く子どもには刺激が強いです。大人でも口の周りが、かゆくなったりします。1歳を過ぎるまでは避けましょう。

もち

材料に問題はありませんが、喉に詰まらせたりする可能性があります。咀嚼の力がしっかりとできてから、食べるようにしましょう。

カレー

香辛料などが使われています。子ども用もありますが、あまりに刺激の強いもの、辛いものは避けるようにしましょう。

そば

そば粉によって激しいアレルギー反応を引き起こす可能性があるため、離乳食時期には与えないようにしましょう。

ゼラチン

タンパク質が多く含まれているため、乳幼児期の未熟な消化機能ではうまく分解できません。1歳を過ぎるまでは避けましょう。

食物アレルギー

食物アレルギーとは、体内に入ってきた異物に対して抗体を作り、自分の体を守ろうとする免疫反応のことです。

幼い子どもは消化機能が未成熟なために、さまざまな食物に対してアレルギーが起こる可能性があります。多くの場合は成長とともに耐性がつきますが、中には、その後も続くケースがあります。アレルギーになる可能性がある食品は表示が義務づけられているので、食品を選ぶときは原材料の表示を確認するようにしましょう。

また、食物を食べてすぐに、呼吸困難やけいれんなどの重篤な症状を引き起こす場合もあります。「アナフィラキシーショック」と呼ばれる症状で、特に注意が必要です。

主な食物アレルギーの症状

消化器
下痢・嘔吐

目
かゆみ・充血

皮膚
湿疹・じんましん

口腔
イガイガ・腫れ

呼吸器
せき・呼吸が苦しい

全身
ぐったりする・意識障害

ます。例えば、乳幼児の間はお刺身などの生食は避けた方がよいでしょう。またおもちやお団子も、喉に詰まらせてしまうので避けましょう。

食材の切り方や大きさなども、大切な調理のポイントです。子どもの体の特徴や、年齢、発達の段階をよく観察して、その子にふさわしい調理法を意識しましょう。

離乳食スタート期に生果汁はあげない

離乳食が始まると、最初は重湯をあげます。りんごやみかんを絞った「生果汁」をあげることがスタンダードとされていた時代もありますが、現在は生果汁を赤ちゃんに与えることは避けるようになっています。生果汁がアレルギーの元になる可能性が指摘されているからです。厚生労働省から出されている「授乳・離乳の支援ガイド」にも「離乳の開始前の生果汁」は推奨さ

ベビーサイズ

COLUMN

食事はいつも娘との知恵比べ

娘の離乳食は、いかに野菜を食べさせるか、それが日々の課題です。

おやきにはまった時期は、ブレンダーで小松菜やニンジンをドロドロにして、生地に練り込みましたが、おやきブームはあっという間に去っていきました。サツマイモをボール状に丸めたものを好んで食べるようになったときは、ボールの中にそっとほうれん草を忍ばせました。ただ、忍ばせる量が多いと、感づかれて手でひっぱり出されてしまいます。

最近は野菜だけでなく、口に入れたものを吐き出すことが多くなってきました。頬ばりすぎて飲み込めないのか、「ベーっ」が楽しいのかわかりませんが、食に関する悩みは尽きることがなさそうです。

真鍋考士さん

43歳
通信サービス会社勤務

娘1歳10カ月

れていません。

他にも、「卵・牛乳・小麦」の三種類の食材は、食物アレルギーを引き起こす原因となることが多く、乳幼児期の3大アレルゲンと呼ばれています。

初めての食材を与えるときは必ず1さじだけにする、病院が開いている午前中に与えるなど、慎重に見守っていきましょう。

PART 3

5

予防接種や健診について知ろう

家族の健康を守るのも、パパの大切な仕事。

乳幼児健診は、子どもの成長と発達を確認する場所

普段子育てをしていると、他の子と比べて発達の遅れが気になったり、「これは病気なのでは？」と不安に思ったりすることがあるかもしれません。そんな不安や疑問を解決する絶好のチャンスが乳幼児健診です。

乳幼児健診は、子どもの成長と発達を確認し、先天的な病気を見つけるために、成長の節目に合わせて行われます。そして**パパとママが「こんなに成長したね」という喜びを感じる場**でもあります。1カ月健診ではママの産後の状況も確認します。できる限りパパも同行しましょう。医師や看護師、保健師や栄養士などの専門家が相談にのってくれます。

乳幼児健診の時期や場所（保健所や病院など）は、それぞれの自治体で異なるので、自治体からのお知らせや広報誌をチェックしましょう。

実際の乳幼児健診は、まず、おむつやパンツ1枚になって、身長や体重、胸囲や頭囲などの計測を行います。身長や体重が、成長曲線の基準値に入っていないと不安になるパパ・ママがいますが、基本的には心配しなくて大丈夫です。その子が前回の健診と比べて、どれくらい身長や体重が増えているかを医師はチェックしています。

（続きは74ページ）

乳幼児健診を受けるときの注意点

脱がせやすい服装で

すぐおむつやパンツ1枚になれる服装で。おむつの替えも忘れずに。機嫌が悪くなったときのために、おもちゃがあると心強い。

メモを用意

健診は流れ作業のように進みます。相談したいことはメモをとり、持って行きましょう。スマホでの写真や動画を見せるのもOK。

「大丈夫」で安心を

医師の「大丈夫」は、ただの気休めではなく、理由があります。もちろん、不安なときは大丈夫な理由を確認しましょう。

健診での主なチェックポイント

1カ月健診

- □ 体重が増えているか
- □ 先天的な病気や奇形がないか
- □ ママの産後の状態（産後うつなど）

3〜4カ月健診

- □ 体重が増えているか
- □ 首がすわっているか
- □ 視線が合うか／音に反応するか

6〜7カ月健診

- □ 寝返りやずりはい、おすわりができるか
- □ おもちゃに関心があるか
- □ 離乳食の進み具合

9〜10カ月健診

- □ つかまり立ちやはいはい、伝い歩きができるか
- □ 喃語（「ダダ」「ババ」など）を話すか
- □ 歯は生えているか

1歳健診

- □ 一人立ちや伝い歩きはできるか
- □ 簡単な単語を話すか
- □ おもちゃで遊ぶか　　など

1歳6カ月健診

- □ 一人歩きができるか
- □ 自分の名前や物の名前がわかるか
- □ 歯科健診（歯の本数と歯磨き習慣）

3歳健診

- □ 体重増加不良や肥満はないか
- □ 名前や年齢が言えるか
- □ 2語文（「パパこっち」など）が話せるか
- □ 歯科健診（虫歯はないか）
- □ 友だちと遊ぶことができるか
- □ 尿検査　□ 視力検査　など

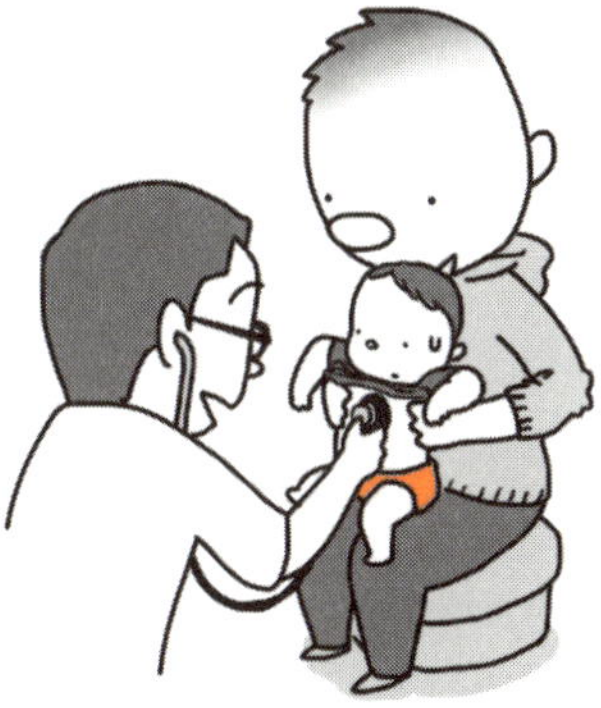

予防接種の種類

定期接種

予防接種法という法律で、国から接種を強く推奨されている予防接種のことです。
費用は公費で賄われるため、定められた期間であれば無料、もしくは一部負担となっています。

任意接種

希望者が各自で受ける予防接種。
受けなくてもよいという意味ではありません。
国の予算の関係で、まだ定期接種にできていない予防接種です。
いずれは定期接種になる方向で検討されているものも。

診察では、まず視診・聴診を行って、先天的な奇形や皮膚の状態、心臓や肺などの異常がないか確認します。そして、ベッドに寝かせて、股関節の動きを見たり、ヘルニア（そけい部や臍など）がないか確認したり、それぞれの時期に応じた反射や反応があるかなどを診察していきます。3歳児健診では、さらに視力や聴力の検査も行います。

ここで注意することは、**発達の評価は、「正常」「異常」の二つに絞ることができない**ということです。

少し発達がゆっくりだとしても、それらは経過を見ていく中で解決するものも多いですし、成長や発達のスピードは個々に異なり、また一定ではないからです。

予防接種は自分の子どもと周りの社会を守るもの

予防接種やワクチンをインターネットで検索すると、その危険性や副反応などのネガティブな意見がたくさん出てきます。しかし、医療従事者の多くは予防接種を強くすすめますし、その有用性をよく知っているからこそ、自分の子どもへも、きちんと予防接種を行います。

予防接種は「予防」、つまり何も起こらない状態を保つことが目的ですから、効果を実感することはほとんどないでしょう。しかし、予防接種を受けなかったために、重い病気にかかって命を落としたり、後遺症で苦しんだりしている子どもたちがいます。このような不幸な出来事を減らすために、予防接種があります。

最近では、接種すべき予防接種が増えてきたため、同時接種を行うようになりました。何本も注射を打たれるため、かわいそうに見えるかもしれませんが、**同時接種の方が、より早く免疫を獲得できる**といわれています。

予防接種は自分の子どもを守ると同

主な予防接種

※2017年12月時点

予防接種	定期・任意	時期	予防する病気
ヒブ・肺炎球菌	定期	生後2カ月から1カ月ごとに3回接種、1歳で追加接種	細菌性髄膜炎・敗血症・肺炎
B型肝炎	定期	生後2カ月から1カ月ごとに2回接種、その後半年程度で3回目接種	B型肝炎ウイルスによる感染症。まれに慢性肝炎を発症し、肝臓がんへ進行する恐れも
ロタウイルス	任意	生後2カ月から1カ月ごとに2回(もしくは3回)接種	激しい下痢・嘔吐を引き起こす胃腸炎ウイルス
四種混合	定期	生後3カ月から1カ月ごとに3回接種、1歳で追加接種	百日咳・ジフテリア・破傷風・ポリオの4種。百日咳は赤ちゃんが感染すると命の危険も
BCG	定期	生後5カ月頃に1回接種	結核。判子のような注射で行う
MR	定期	1歳と年長の2回接種	麻疹と風疹
水ぼうそう	定期	1歳と1歳6カ月の2回接種	水ぼうそうと、自然感染したあとの帯状疱疹。まれに肺炎や肝炎を併発する恐れも
おたふくかぜ	任意	1歳と年長の2回接種	ムンプスウイルスに感染し、耳下腺が炎症を起こす。合併症や難聴などの後遺症の恐れも
日本脳炎	定期	3歳で2回、4歳・9歳で1回接種	蚊を介して人に感染。脳炎を起こすと重い後遺症が残る

時に、多くの人が受けることで、その病気を排除することもできます。最近では麻疹《はしか》の2回定期接種が行われるようになり、日本の新規麻疹発症患者が激減しました。

予防接種の後は、お風呂に入っても大丈夫ですし、通常の生活であれば制限はありません。接種したところがコインの大きさくらいに腫れることもありますが、心配はいりません。しかし、それ以上大きく腫れたりした場合は、必ず受診してください。

また、予防接種の後には、一定の確率で発熱が起こりますが、必ずしも危険なものではありません。乳児の発熱や、38℃以上発熱した場合には、かかりつけの小児科を受診しましょう。

予防接種には一定の副反応がありますが。しかし、受診をすることで安全に管理できるものがほとんどです。まずは、正しい情報を共有して、予防接種の必要性を理解しましょう。

PART 3

6

ホームドクターとホームケア

一緒に悩んで喜んでくれる先生を探そう!

子どもの緊急事態！まずはママのケアを

子どもの突然の病気に、パパがやるべきことはひとつ、**徹底したママのサポート**です。なるべく早く帰宅して、子どものケアで手一杯のママの代わりに家事を引き受けましょう。共働きの場合は、翌日どちらが子どもを病院へ連れていくかの相談も必要です。間違っても、ママに任せっぱなしにしないことです。

ときには夜中に救急受診しなければいけないこともあります。夜間の受診は、まず「こんな夜中に病院へ連れて行くべきなのか?」「でも診療時間を待っている間に悪化したらどうしよう」という迷いから始まります。いち早くパパが悩みを共有して、ママを助けてください。職場から電話で「そんなに心配なら救急車でも何でも呼べばいい」なんて言ってはいけません。早く帰宅できないなら、せめて電話でママの不安を聞いてあげましょう。

＃８０００（小児救急電話相談事業）に電話をして相談するのも一案です。近所の休日・夜間診療を行っている医療機関を調べておくと、いざというときに慌てずにすみます。

子どもの緊急事態には、子どもへのケアと同じくらいママへのケアを大切にしましょう。

ホームドクター選びは相性とチーム力!

子どもが病気になったとき、安心して診てもらえるホームドクター（かかりつけ医）を決めておきましょう。ホームドクター探しの一番のポイントはアクセスです。何度も通うことを考えれば、近い方がおすすめです。

また、駐車場の有無も大切なポイントです。特に感染症が流行しているときなどは、待合室での感染のリスクを避けるため、順番が来るまで車内で待っていることもできます。

そして何より、ドクターの人柄と医療に対する考え方が、パパやママと

（続きは78ページ）

ホームドクター探しのポイント

- □ 自宅からのアクセスがいい
- □ 自転車置場や駐車場がある
- □ スマホ予約ができるなど、待ち時間対策が充実している
- □ パパ・ママの話をしっかり聞いてくれる
- □ パパ友・ママ友の口コミがいい
- □ 看護師や受付の対応がいい
- □ パパ・ママの健康も考えてくれる

ホームケアのポイント

ネットの情報は要注意!

ネットは便利ですが、情報の真偽は誰もチェックしていません。育児書や子どもの病気の対処法の本をリビングに置いておきましょう。

「なんとなく変?」を大切に

パパとママの「なんとなく変?」はよく的中します。気になった症状はスマートフォンの写真や動画などに記録しておきましょう。

数字よりも様子で

子どもはとてもアナログな生き物です。いつもより機嫌はどうか? 食欲や水分はとれているか? などの情報は数字より大切です。

落ち着いて対処

けいれんやけがなど、突然の出来事には、まず、パパがママに「大丈夫!」と伝えましょう。冷静になることが一番のリスク回避策です。

COLUMN

スムーズに受診するための準備と工夫

初めて子どもを病院に連れて行くときは夫婦で行きました。子どものことはもちろんですが、妻への対応もお願いしておく必要がありました。発達障害で、人とのコミュニケーションが苦手な妻。妻の特徴を説明し、聞き漏らしがあったり、すぐに理解できないかもしれないからゆっくり話してほしいと伝えました。後日、妻しか子どもに付き添えなかったとき、医師は症状を紙に書いて渡してくれました。

また、保険証など受診に必要なものは、家の中に一カ所にまとめています。病院の連絡先だけではなく、タクシーの連絡先もスマートフォンに登録して、いざというときにスムーズに受診できるよう準備しています。

小林浩一さん

46歳
IT企業勤務

長女4歳

発熱	・高熱でも一人遊びができたり、食欲があれば夜中に受診しなくても大丈夫 ・微熱でも、ぐったりしたり、水分もとれないようなら、すぐに受診
せきがとまらない	・まずは鼻水吸い器などで鼻を吸ってみる。多くのせきは、鼻水が喉に垂れ込んで起こっている ・肩で息をしている、泣き声がいつもと違う、ケンケンやピューピューした咳が続いているときは早めの受診を
鼻水・鼻づまり	・鼻をかめないうちは、積極的に鼻吸いを ・鼻吸いはスポイト式ではなくて、吸うタイプのものがおすすめ。嫌がる子どもも多いのでパパの出番！　子どもが泣くと喉の奥まで気道が通るので鼻水が取りやすい ・鼻水の薬（抗ヒスタミン薬）は眠気やひきつけを引き起こす原因に。安易に頼らないこと

合っているかということです。相性がよいからこそ、何でも相談できる関係が築けます。ドクターとよい関係を築くことができれば、その後の子育てもずっと楽になるでしょう。

ママに産後うつの傾向がないかを気にしてくれたり、パパに禁煙のすすめをしてくれたり、家族全体の健康を考えてくれるドクターが理想的です。

ドクター以外にも、看護師や受付など、**クリニック全体に子育てを応援しようとする雰囲気があるか**ということも大切です。混雑していても、不安なママに「大丈夫ですよ」と声をかけてくれるか？　パパが来たら「今日はパパが一緒なんですね」と声をかけてくれるか？　本当に小さなことですが、クリニック全体がチームとしてケアに関わっていないと、このような声かけはできないものです。

気になる症状のケアと受診の目安

下痢・嘔吐がとまらない	・水のような下痢が1日に何回も起こるようであれば、ウイルス性胃腸炎の可能性が。まずは水分をしっかり与える。母乳やミルクは薄めずに与える ・油っこいものや固いもの（お菓子やパンなど）は避ける ・周囲にうつることも多いので、よく手洗いを。胃腸炎のウイルスの中にはアルコール消毒が効かないものもあるため、石けんでしっかり洗いましょう ・水分がとれない場合はすぐに受診
便秘	・2、3日便が出なかった場合も、まとめてたくさんやわらかい便が出て、体重も順調に増えているなら大丈夫 ・便をするとき、いきんで苦しそうになったり、肛門が切れたりする場合は、便秘として対処 ・おなかをやさしくさすったり、果汁を与えたりしてみて。離乳食が進んでいれば野菜も大切 ・それでも続くようなら、綿棒にオリーブ油などをつけて、お尻の穴をくすぐる綿棒浣腸を試してみて
全身に発疹	・発疹と同時に、呼吸が苦しい、おなかを痛がるなどの症状がある場合はすぐに受診。重症のアレルギー反応（アナフィラキシー）の可能性も ・発疹だけの場合は冷やすと楽になる。部屋を涼しくして、冷たいタオルなどをかゆいところに当てる。お風呂は控えること

実は「病気じゃない」症状も

子どもの様子がいつもと違ってつらそうなとき、適切なケアのやり方を知っておくと、少し安心できます。すぐに受診をするべきなのか、ホームケアでOKなのかの判断もできます。上図を参考にしてみてください。

つい心配になってしまうけれど、実は病気ではない症状もあります。例えば、まだ小さくて自分で鼻をかめない子どもであれば、鼻を少し垂らしているくらいが正常な子もいます。心配性のママだと不安になってしまうかもしれませんが、パパに求められるのは、そんなママの悩みに共感することです。「鼻水がとまらないのが心配だね、ボクが鼻水を吸ってあげるよ」というような心遣いができるとよいですね。

PART 3

7

子どもが生まれてもらえるお金・必要になるお金

公的支援制度や会社の規定を活用しよう。

出産費や医療費の把握はパパが積極的に

妊娠がわかると、出産までに多額のお金が必要なのではないかと心配するパパやママが多いです。確かに必要なお金はありますが、国や市町村、会社にも支援制度がたくさんあります。

妊婦健診は公費助成されるため、自己負担額は、初回の検査や助成対象外の検査などで平均5万円程度といわれています。ママが働いていて、健康保険に加入している場合には「出産手当金」も出ます。ママが出産のため会社を休み、その間に給与の支払いを受けなかった場合は、出産の日（実際の出産が予定日後のときは出産予定日）以前42日（多胎妊娠の場合98日）から出産の翌日以後56日目までの範囲内で、会社を休んだ期間を対象として出産手当金が支給されます。

出産にも40万円から50万円程度のお金が必要ですが、**「出産育児一時金」で42万円が支払われます**。事前に手続きをすれば、病院での精算時には42万円を超えた分を支払えばいいのです。

切迫早産や帝王切開などのケースでは健康保険が適用されます。高額になった場合には高額療養費制度の申請ができますので、一定の自己負担額を超えた分は健康保険から払い戻されます。あらかじめ長期入院や帝王切開などがわかっている場合は、事前申請で「健康保険限度額適用認定証」をもらっておくと、病院での精算時には差額のみの支払いでOKになります。

高額の医療費を支払ったときには、確定申告で一定の金額の所得控除を受けることができます。これを医療費控除といいます。所得税や住民税が還付される場合があります。健康保険が適用になる場合で、ママが医療保険に加入している場合には、保険の請求も忘れないようにしましょう。

出産・産後に必要なお金は出産前に準備しておこう

妊娠・出産ではもらえるお金の制度

妊娠・出産でもらえるお金

※2017年12月時点

名称	金額	手続き	条件
妊婦健診費の助成	妊娠中の健診費用の一部または全額	市町村窓口へ妊娠届出書の提出	妊婦
出産育児一時金	子ども１人につき42万円	加入している健康保険に申請	健康保険の被保険者及びその被扶養者であること
出産手当金	産休前の月給が25万円の場合、約54万円（98日分）	加入している健康保険に申請	勤務先の健康保険加入者本人で産休を取る人
児童手当	３歳未満：月額１万５千円 ３歳以上小学校修了前：月額１万円（第三子以降は１万５千円） 中学生：月額１万円	市町村窓口へ申請	中学３年生までの子どもを持つ人（所得制限あり）
育児休業給付金	産休前の月給が25万円の場合、約16.7万円（１カ月分） 社会保険料（健康保険、厚生年金）は免除	職場を通してハローワークに申請	雇用保険に１年以上加入していて育児休業を取る人
乳幼児医療費助成	かかった医療費の一部または全部	市町村窓口に申請	健康保険に加入している子ども（年齢や金額は自治体で異なる）

が充実していますが、それでも必要なお金があります。

妊婦健診・検査費用の自己負担分（自治体から助成金があります）、マタニティウエア・下着代、育児グッズ準備費用などです。これらを含めると**15万円から20万円程度は必要になる**と考えておきましょう。里帰り出産する場合は交通費なども別途必要です。出産前に計画的に準備しておくことがおすすめです。

また、子どもが小さいうちは、病院へ行く機会が何かと多いものです。子育て世帯の医療費負担を減らすために「乳幼児医療費助成制度」（自治体によって名称が異なる）があります。乳幼児医療証を取得すると、病院の窓口で負担する医療費が安くなったり無料になったりします。各自治体によって制度の内容が違うので、住んでいる自治体の助成内容について出産前に確認しておくとよいでしょう。

子ども1人につき必要な教育資金（年額）　幼稚園から高校までの学習費の推移

（万円）

区分	幼稚園		小学校		中学校		高校	
	公立	私立	公立	私立	公立	私立	公立	私立
学習費総額	22	50	32	154	48	134	41	100

出典：文部科学省「平成26年度　子供の学習費調査」をもとに作成

大学の授業料など

（万円）

区分	入学料	授業料（年間）
国立大学	28	54
公立大学	39	54
私立大学（全学部の平均）	26	87

出典：文部科学省「国公私立大学の授業料等の推移」

乳幼児期は貯蓄して将来の教育費を蓄えよう

　子どもが生まれたら、「児童手当」が支給されます。３歳未満は月額１万５０００円（２０１７年現在）です。また「乳幼児医療費助成」があり、病院にかかった医療費の一部または全部が助成されます（自治体によって金額や年齢制限が異なる）。こういった妊娠や出産に関係した制度の利用などは、会社や市町村窓口で申請するものが多くあります。ママと赤ちゃんが入院している間に、パパが出生届などの役所の手続きと一緒にやってくれるとママは助かります。

　乳幼児の頃は、おむつやミルクなどの消耗品で、月平均２～３万円かかります。しかし、子育ての費用は小さい頃よりも高校生、大学生になるにつれ高額になります（上図参照）。**できるだけ児童手当には手をつけず、大学の教**

働く女性の生涯賃金の差額

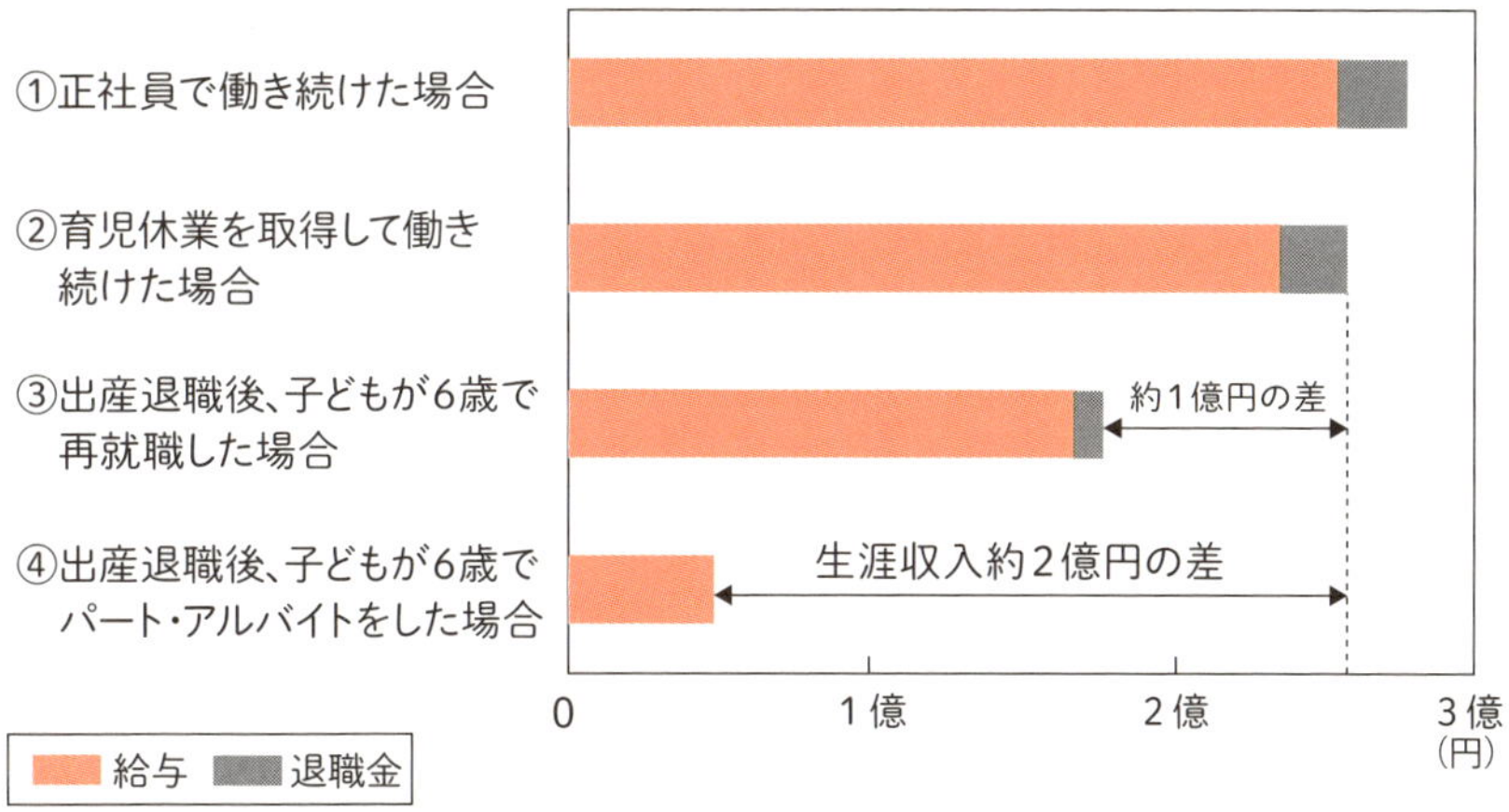

出典：内閣府「2005年版　国民生活白書」をもとに作成

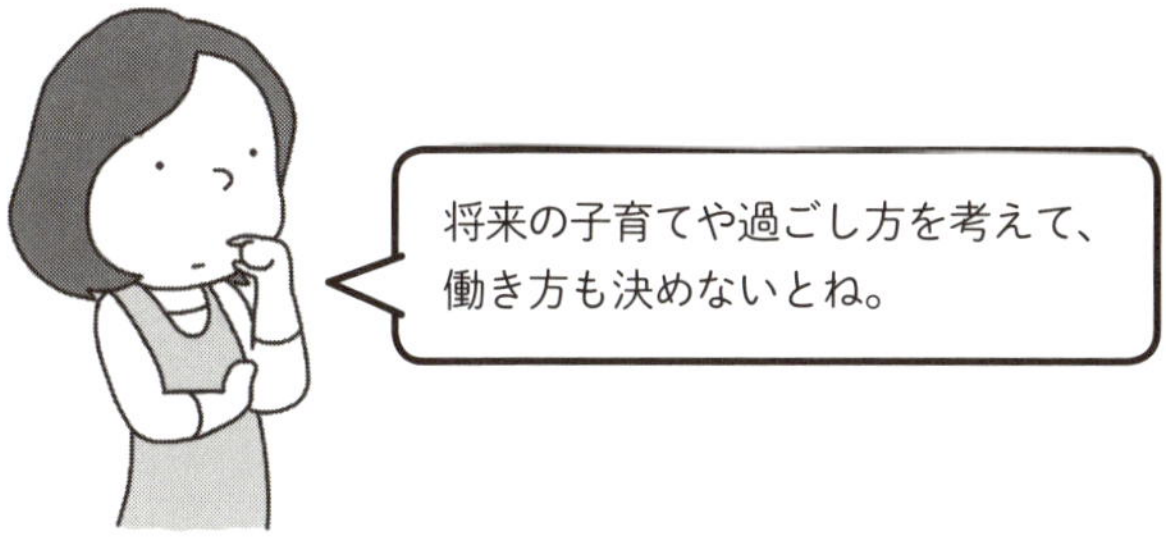
将来の子育てや過ごし方を考えて、
働き方も決めないとね。

育費にあてられるように貯蓄しておくのがおすすめです。

子どもが生まれてから中学生ぐらいまでの間にどれだけ準備ができるかが鍵になります。教育費は進路によって大きく変わります。生まれてすぐから過度に心配する必要はありませんが、親としてどこまでしてあげるのか、してあげられるのかを夫婦で話し合いましょう。ママの産後の働き方も、その後のライフプランに大きな影響を及ぼします。

上の図のように、ママが産後も働き続けた場合と子どもが6歳のときにパート・アルバイトで再就職した場合では、2億円以上の差が生じることがあります。共働きの場合、保育料が高くなったり、雑費などの支出も増えたりする傾向にありますが、子どもが小学生になると、ママに収入があることのメリットの方がはるかに大きいです。

PART 3

8

子どもの保育について考えよう

保育の基本は、愛と勇気と環境と!

保育施設の種類と区分

子どもが生まれるまで、保育園がどんなところか詳しく知らなかったというパパもいるかもしれません。小中学校は義務教育ですが、就学前の子どもたちが保育・教育施設に通うことは任意となっています。現在の保育施設は、**保育園、幼稚園、認定こども園**と、大きく3つに分けることができます（左ページ参照）。

保育施設を利用するためには、住んでいる市町村から認定を受ける必要があります。以下のような3つの区分認定があります。

・1号認定
教育を中心とする保育を受ける幼児
・2号認定
保育を必要とする幼児（満3歳以上）
・3号認定
保育を必要とする乳児（満3歳未満）

パパとママが就労していて日中子どもを預ける場合は、子どもの年齢に応じて2号、3号認定となります。この他に、少人数または不定期で子どもを預かる小規模保育や家庭的保育などがあります。

いずれも、パパが働いている間に大切な子どもを預ける場所です。ママともよく話し合って、安心して預けられる施設を選びましょう。

保育施設は子どもを社会で育てる場所

そもそも「保育」とは、子どもたちを専門的に集団生活の中で育てる活動のことです。特に乳幼児の場合は「養護」と「教育」が一体となっています。ここでいう「養護」とは、生命の保持を図り、情緒の安定ができるケアのことです。

また「教育」とは子ども一人ひとりが、自ら主体的に成長していくことを支えることです。この二つの視点が合わさって、保育という活動が営まれていきます。それらを支えるのが専門的なライセンスを持った保育者です。

（続きは86ページ）

保育施設の種類

保育園

(認可保育園)

国が定めた基準をクリアした施設
保育対象 保育の必要が認められた0～5歳児
標準的な保育時間 最長11時間
保育料 保護者の所得に応じて算出。世帯年収800万円で約3万5千円※
先生の必要免許 保育士
申し込み先 市町村
所管 厚生労働省

(認証保育園)

各自治体独自の基準で設置
保育対象 保育の必要が認められた0～5歳児
標準的な保育時間 最長11時間
保育料 自治体により異なる
先生の必要免許 保育士
申し込み先 各施設
所管 各自治体

(認可外保育園)

民間で運営されている
保育対象 施設により異なる
標準的な保育時間 原則として施設による。24時間のところもある
保育料 各施設により異なる
先生の必要免許 保育士など必ずしも必要ではない
申し込み先 各施設
所管 特になし

幼稚園

保育対象 3～5歳児 施設によっては4～5歳児
標準的な保育時間 教育時間4時間が基本
保育料 保護者の所得に応じて算出される
先生の必要免許 幼稚園教諭
申し込み先 幼稚園、あるいは市町村
所管 文部科学省

認定こども園

保育園と幼稚園が一緒になった施設
保育対象 0～5歳児
標準的な保育時間 4～11時間
保育料 保護者の所得に応じて算出される
先生の必要免許 保育士または幼稚園教諭
申し込み先 教育部分は施設。保育部分は市町村
所管 内閣府

小規模保育・家庭的保育

少人数で保育を行う施設
保育対象 0～3歳児
標準的な保育時間 最長11時間
保育料 保護者の所得に応じて算出される
先生の必要免許 保育士資格など。施設により異なる
申し込み先 各施設および市町村

※東京都世田谷区の基準をもとに0～2歳児の保育料を編集部で試算。

施設を選ぶポイント

- □ 職場、自宅との距離や交通機関の利便性がよいか
- □ 保育時間や、保育室や園庭の広さ、一日の保育内容など教育の指針が求める条件に合っているか
- □ 実際に保育の現場を見て子どもたちや保育士がいきいきしているか

利用までの流れ（4月入園の場合）

幼稚園など（教育利用）

10～11月頃

1. 幼稚園などの施設に直接申し込み
2. 施設から入園の内定を受ける
3. 施設を通じて市町村に認定を申請

↓

11～12月頃

4. 施設を通じて市町村から認定証が交付される
5. 施設と契約

保育園など（保育利用）

10～11月頃

1. 市町村に直接認定を申請
2. 市町村が「保育の必要性」を認めた場合、認定証が交付される
3. 市町村に保育所などの利用希望を申し込む

↓

2月頃

4. 申請者の希望や施設の状況に応じて市町村が利用調整

↓

3月頃

5. 利用先の決定後、契約

もちろん保育施設だけで子どもが育つわけではありません。**保護者とともに、地域の子どもたちを社会の宝として、大切に守り育む活動**が保育であるといえます。

人として生きる力を育む保育教育施設

保育施設では、2018年4月より新しいカリキュラムに基づいた保育の活動が行われます。この改定の一つの大きな柱となったものが「非認知能力」の育成です。

従来の学力はテストなどで測ることができました。わかりやすくいうと「偏差値」として扱ってきたものです。しかし近年の研究の中で、その学力の考え方とは少し違う、「測ることのできない能力」の重要性がわかってきました。それが「非認知能力」です。

例えば、粘り強く取り組む、人と仲よく活動するなど、自分の感情をコン

知っておきたい子育て支援サービス

利用者支援事業	子育て期や妊娠期の困りごとについて、各自治体の支援事業専門員が相談・助言を行う。その地域の保育施設や、子育て支援事業などの情報が得られる。子どもを遊ばせながら相談可能。
地域子育て支援拠点	地域の身近なところで、気軽に親子の交流や子育ての相談ができる場所。公共施設や保育園など、さまざまな場所で、行政や NPO 法人などが担い手となって行う。
ファミリーサポートセンター	育児や家事の援助を受けたい人（依頼会員）と、援助を行いたい人（提供会員）が、地域で助け合うための有料の会員組織。利用するには会員登録が必要。乳幼児・小学生の預かりや、保育園・学童の送迎などを援助してくれる。
子育て短期支援	保護者の出張や冠婚葬祭、病気などにより、子どもの保育ができない場合に子どもを預かってくれる制度。短期間預かり（最長 7 日間）の「ショートステイ」と、平日の夜間（休日は朝から）の預かりの「トワイライトステイ」がある。
病児保育	病気や病後の子どもを保護者が家庭で保育できない場合に一時的に預かる施設。病院・保育園などに付設されており、保育園によっては、保育中の体調不良児を、保護者の迎えが来るまで預かるところも。各施設によって条件は異なる。

トロールする能力のことです。なかなか数値化することはできませんが、子どもの心の成長のための重要な要素として意識され始めています。これからの保育は、**人としての生きる力を育てる活動**に、一層力を入れて取り組んでいくことになりました。

「子どもを預けるのはかわいそう」と周囲から言われているパパやママもまだだいるようです。

しかし、核家族化が進む中、同じ年代の子どもたちや、両親以外の大人である保育者と交流する機会をもつことは、子どもが多様な価値観にふれるきっかけになります。

他の子どもが遊んでいる様子を見て、「自分もやってみたい」と心を刺激されたり、友だちと協力して大きな遊びに発展させるなど、いろいろなことにチャレンジできます。その経験は、子ども自身の心や体の発達にとって必ずプラスになるはずです。

PART 3

9

パパのための保活講座

子どもの育つ環境づくり、都市部では熾烈!

働きたいママが増えて待機児童問題が顕著に

保育園に入れなくて入園を待っている「待機児童」が、特に都市部において顕著化し、問題となっています。この問題は、保育園に預けられないため働くことができない保護者の問題でもあります。

待機児童の問題は、一朝一夕に解決するものではありません。自治体の取り組みに期待しつつ、パパ自らも待機児童への対策に乗り出しましょう。それが「保活」（保育園に入るための活動）です。

情報集めが「保活」を制す

さて、どうすれば希望の保育園に入れるのでしょうか？ 国の基準を満たした保育環境で、保育料が比較的安い認可保育園に人気が集まりがちですが、待機児童の多い自治体では、圧倒的に保育施設の数が不足しています。まずは自分たちの選択肢を増やし、施設に入る確率を高めていくことが求められます。

・子どもにどういった保育を受けさせたいのか

・ママの職場復帰時期と働き方をどうするか

保育園利用申込書記入のポイント

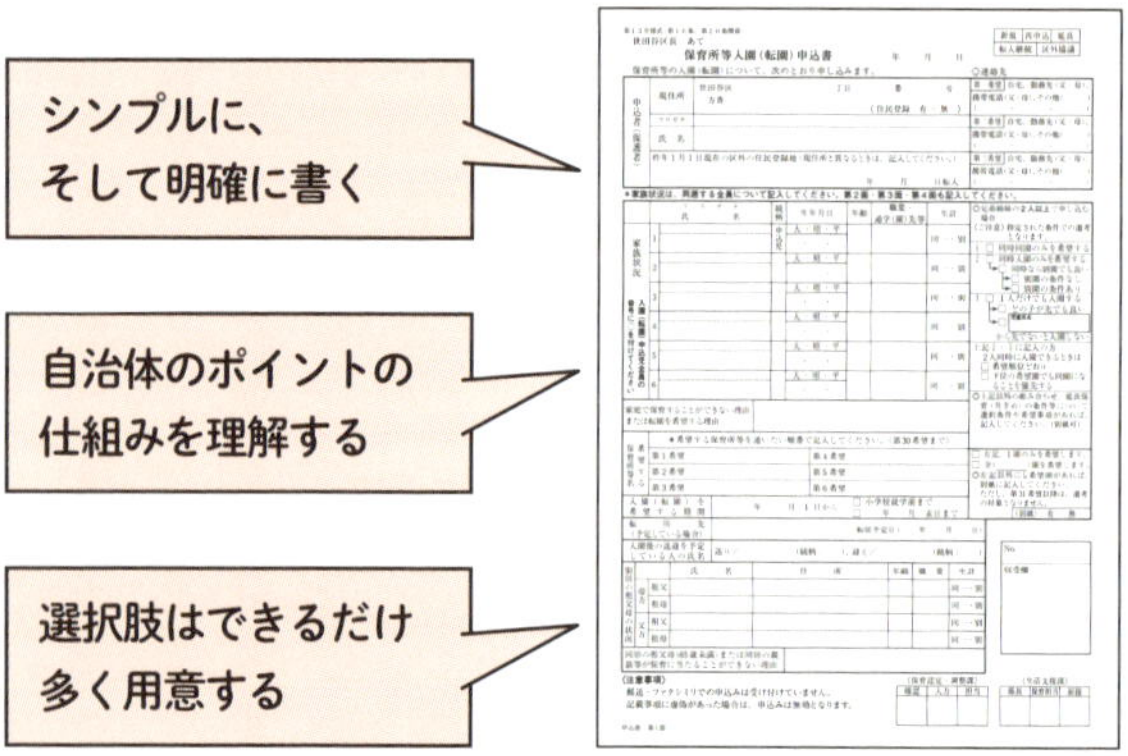
シンプルに、そして明確に書く
自治体のポイントの仕組みを理解する
選択肢はできるだけ多く用意する
保育所等入園（転園）申込書

保育園、行けるかな…

保活に挑む心構え

1. 保活は情報戦。役所の窓口で係員に質問しよう
2. 先輩パパ・ママ、経験者の話を聞いてみよう
3. 保育の制度や仕組みを知ろう
4. 保育施設に見学に行き、自分の目で見て考えよう
5. ひとつの選択肢にこだわらず、さまざまな選択肢を検討しよう
6. 自分たちの働き方や生き方を見直してみよう
7. 譲れないところ、譲れるところを明確にしよう
8. 友人応援団を見つけよう
9. 生まれてからでは遅い。早めに取りかかろう
10. 会社や自治体の制度など使えるものはすべて使おう

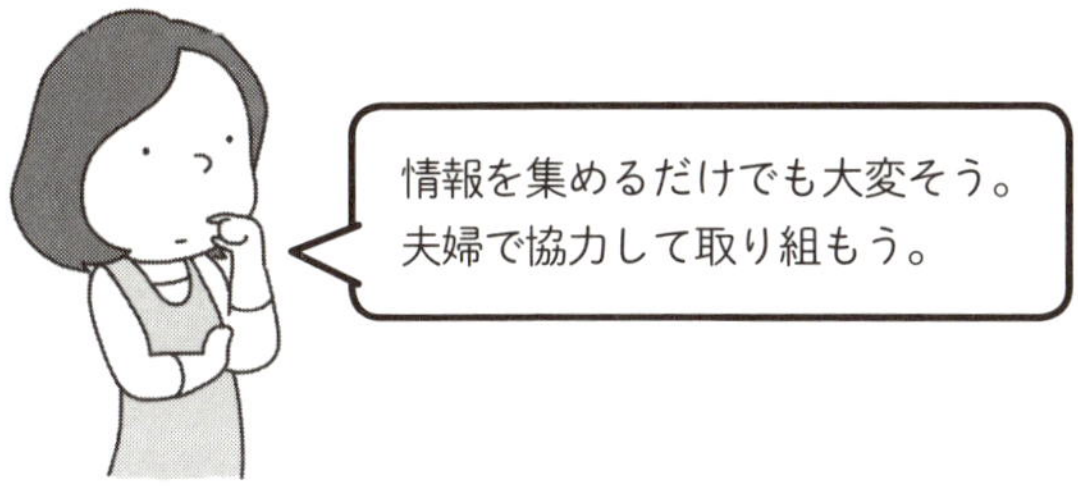
情報を集めるだけでも大変そう。
夫婦で協力して取り組もう。

などを夫婦や家族でよく話し合って確認しておきましょう。

保育園の入園は、「保育の必要性がある」保護者のさまざまな状況をポイント化し、**ポイントの点数が高い家庭が優先的に入園できる**ようになっています。例えば、フルタイム勤務の人はポイントが高く、働く時間が短い人ほどポイントが低くなります。ポイントのつけ方は自治体によって変わりますが、最近はポイントの計算方法を公開している自治体もあります。まずはその仕組みを理解しましょう。新しい取り組みや制度の変化の情報も重要です。新設の保育園などができると、一気に環境が変わります。また、どこの保育園も0歳児クラスは激戦ですが、4歳児以降は入りやすいことが多いです。

保活はどうしても、産休・育休などで時間があるママに負担が偏りがちですが、任せっきりにせずに保活に立ち向かいましょう。

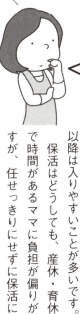

育児 プチ名言 〜先人の言葉編〜

子育て中の人なら一度は聞いたことがある、先人からの優しいアドバイス。

"子どもは3歳までに親孝行をしてしまうのよ"

職場の先輩から。先輩は、同じく子育て中におじいさんに言われたそう。3歳頃までの子どもの笑顔は、すでに一生分の親孝行をしているという意味。

"抱っこしていなければ泣き止まないなら抱っこしていればいい"

母からの言葉。「時間があるのなら抱っこしていればいい。(そんな時期は)ほんのいっときだよ」と。

"子どもは「つ」がとれたら大丈夫"

歳を数えるときの、「ひとつ、ふたつ」の「つ」のこと。「つ」がとれる10歳まで育てば、幼児特有の病気などもかなり減ってきて手がからなくなると聞きました。

PART 4

パパになるための基本スキル

おむつ替えに寝かしつけ、ミルク作りや離乳食。
赤ちゃんの世話は、誰でも最初は初心者です。
ためらわず挑戦し、パパスキルを身につけましょう。

PART 4

1

子どもとの向き合い方

指示や威圧でなく、子どもの育ちを応援！

しつけに怒鳴ったり叩いたりは必要なし

子どもを持つと、「しつけなければいけない」と思う人も少なくないでしょう。もちろん、しつけることは大事なことです。でも、**しつけが押し付けになっていないか**を、親として常に意識しましょう。

赤ちゃんの頃には考えられないかもしれませんが、子どもが歩くようになる頃には、危ないものを触ろうとしたり、いろいろないたずら（引き出しを開ける、モノを出すなどさまざまな探索行動）も盛んになります。話ができるようになってくると、「イヤ！」と言ったり、言うことを聞かない、思った通りに動いてくれないということもたくさん起こります。

親としてパパとして、厳しさも必要なので、やってはいけないことを理解させることも大事です。でも、その思いが強すぎると、「こうしなさい」「こうすべき」と指示的、威圧的な接し方になってしまいかねません。

もちろん、やってはいけないことを「ダメ」と制することは大切です。でも、この禁止が多くなりすぎて、これもダメあれもダメとガミガミ怒ってばかりいると、何をやっても怒られるので子どもは「これはやっていいの？」と常に親に聞くようになります。

もっと悪いのは、困った行動をやめない子どもを怒鳴ったり叩いたりすること。子どもはその行動をとっさにやめますが、恐怖によってやめるだけで、なぜそれをやってはいけないのか理解できません。怒鳴られたくない叩かれたくない子どもは、親の顔色を見て行動するようになってしまいます。

世話するときは子どもにたくさん声をかけて

子育ての目標は何でしょうか。それは将来、**子どもが自分自身で考えて行動でき、生きていけること＝自立・自律**ではないでしょうか。子どもの困った行動に対しても、子どもとコミュニ

子どもの育ちを応援する「しつけ」とは?

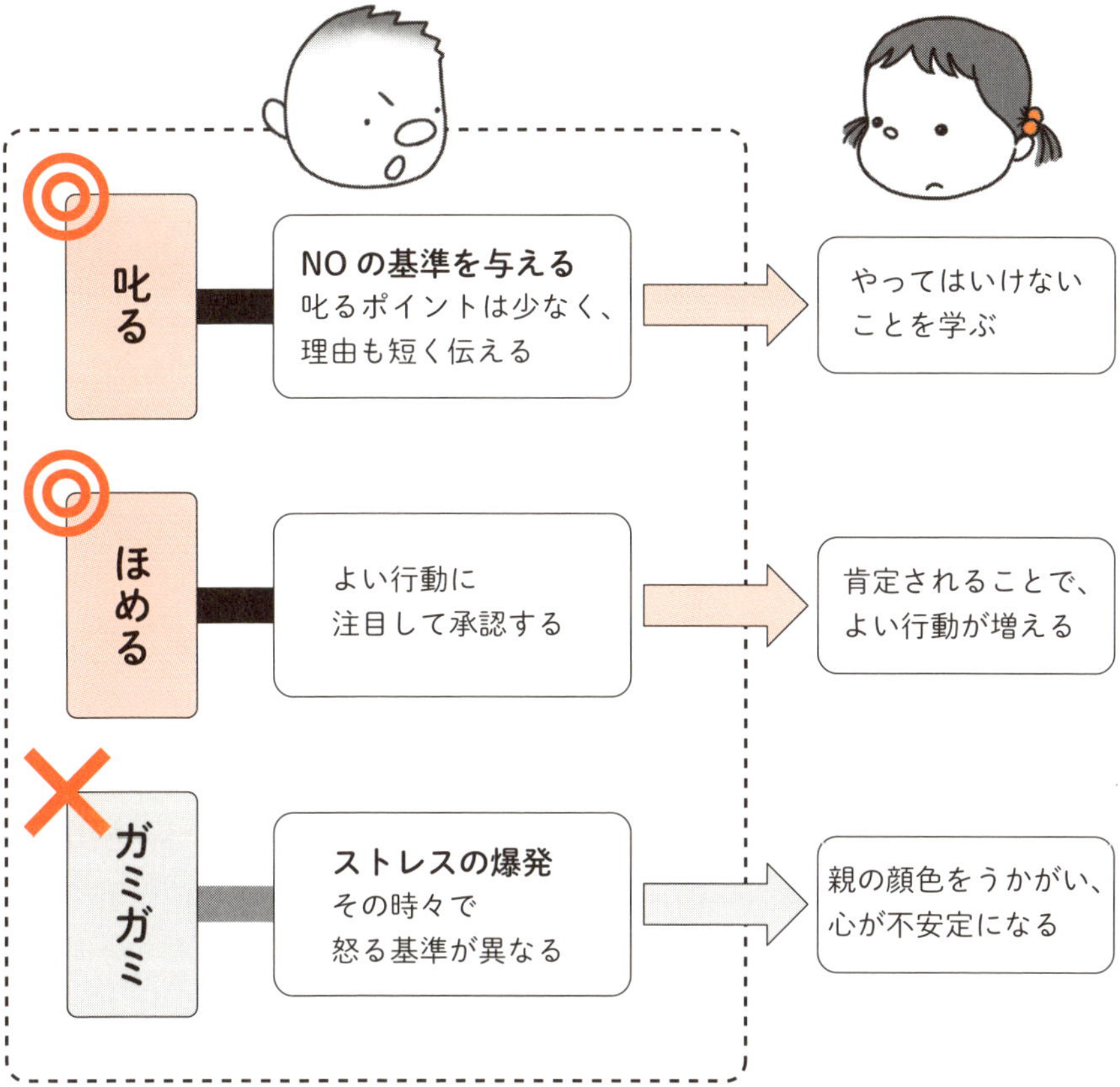

ケーションをとりながら、共にどうしたらいいか考えるといった姿勢が大切です。

しつけは押し付けではなく、育ちを応援するものなのです。

赤ちゃんのときはまだ話もできませんが、しつけ（自立への応援）はすでに始まっています。**赤ちゃんの世話も実はしつけの一環**なのです。

例えば、ミルクを飲ませたときは「おなかいっぱいで嬉しいね～」、おむつ替えをしたときは「おしりがさっぱりしてよかったね～」などと声をかけることによって、赤ちゃんの中で状況と気持ちや言葉がつながります。そして、赤ちゃんは「おなかがいっぱいになると満足する」「きれいになると気持ちいい」といった生活の基本を知っていきます。

子どもが赤ちゃんのときから、たくさんコミュニケーションを取ることを心がけましょう。

PART 4

2

パパもできる！基本のお世話 ①おむつ替え

おむつ替えは健康管理にも必要！

おむつ替えの効用

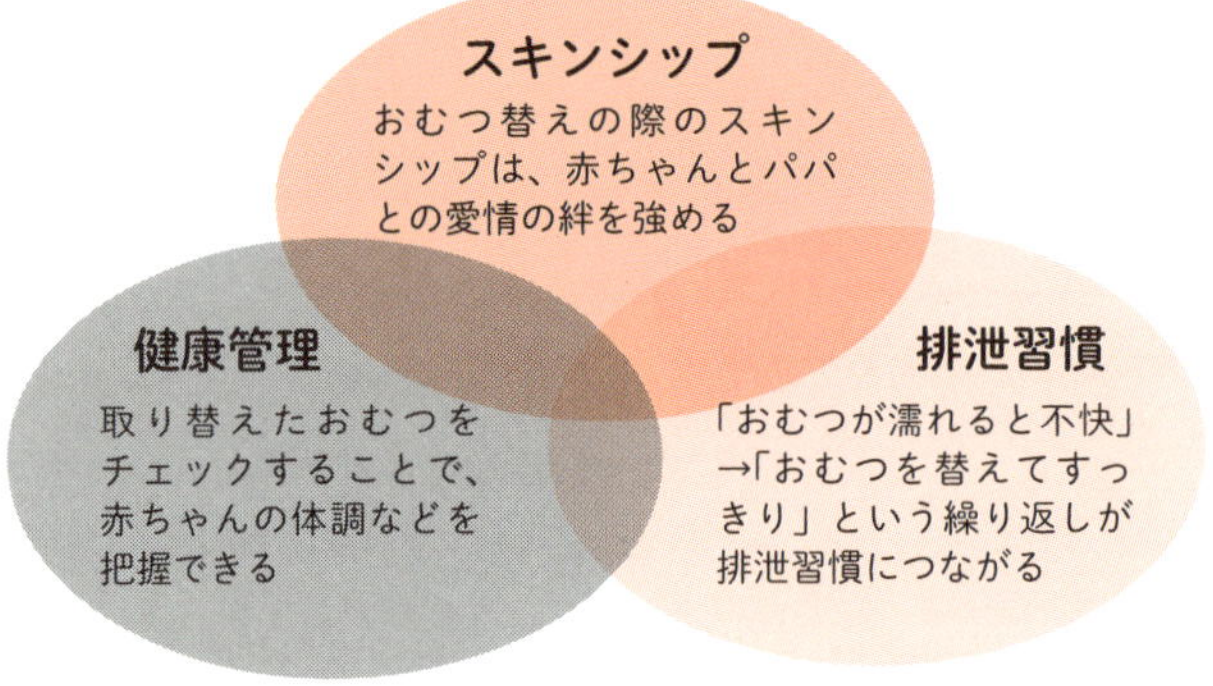
スキンシップ
おむつ替えの際のスキンシップは、赤ちゃんとパパとの愛情の絆を強める
健康管理
取り替えたおむつをチェックすることで、赤ちゃんの体調などを把握できる
排泄習慣
「おむつが濡れると不快」→「おむつを替えてすっきり」という繰り返しが排泄習慣につながる

おむつ替えでスキンシップと健康チェックを！

おむつ替えは、「毎日何度もやらなくちゃならなくて面倒だな」「ウンチのおむつ替えは勘弁！」なんて思っていませんか。でも、**おむつ替えの上手なママだって最初は初心者だったはず**。ママもウンチのおむつ替えにおしり拭きをたくさん使って、時間がかかっていたはずですが、回数を重ねることで手際よく替えられるようになっていくのです。パパも経験値を上げていきましょう。

おむつ替えは、赤ちゃんとのスキンシップを深めコミュニケーションをとるチャンスにもなります。無言で取り替えないで、「おしっこ出たかな？」「ウンチが出てすっきりしたね」などと話しかけることが大切です。

赤ちゃんはまだ言葉がわからなくても、「おしっこが出たから気持ち悪いんだな」「取り替えてもらってすっきりした」ということを、言葉をかけられながら体感していきます。これが**排泄習慣を身につけさせることにもつながっていきます**。

また、おむつ替えは、赤ちゃんの健康チェックにもなります。離乳食が始まると、ウンチの様子も変わってきます。おむつを見て、ウンチがゆるくなっているようなら離乳食を少しゆっ

おむつ替えの手順

① 新しい紙おむつを汚れたおむつの下（赤ちゃんのおしりの下）にセットする。

↓

② 汚れたおむつを開けて、おしり拭きでおしりの汚れを拭き取る。シワの間に汚れを残さない。

↓

③ 汚れたおむつを引き抜く。

↓

④ 新しいおむつをあてる。おなかまわりは指1本分くらいのゆとりを取って、左右のテープを留める。

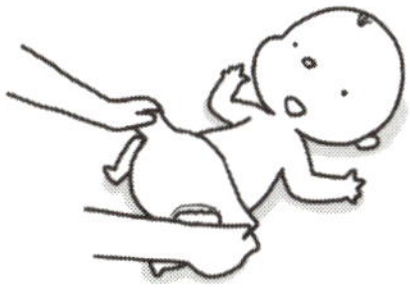

↓

⑤ ギャザーが内側に入り込んでいないかをチェックして、おむつを整える。

くり食べさせるようにして、ウンチが少なく便秘がちの場合には、おなかを手のひらで「の」の字にマッサージしてあげましょう。

動きが激しくなったらパンツタイプへ切り替えも

赤ちゃんが寝返りするようになると動きも激しくなり、おむつ替えが大変な場合があります。そんなときには、話しかけたり、歌ったり、手におもちゃを持たせるなどして、赤ちゃんがじっとしていられるよう工夫しておむつ替えをしましょう。

最近では、パンツタイプのおむつへの切り替えが早くなっています。おむつ替えが大変だなと思ったら、ママと相談しながら、さっと履かせられるパンツタイプへの切り替えも検討しましょう。パンツタイプのおむつなら、ウンチのときにはおむつの横を破いて楽に取り替えられます。

PART 4

3

パパもできる！基本のお世話
②泣きやませ・寝かしつけ

泣く赤ちゃんの気持ちに寄り添うことが秘訣！

育児の大変さを共有することが大事

「赤ちゃんは泣くもの」とわかっていても、やはり泣き続けられるとつらいものです。「ミルクをあげても泣きやまない、おむつを替えても泣きやまない、ずっと抱っこしているのに泣きやまない。家事も何もできてないのに！」とイライラしてしまうこともあるでしょう。

生後1～2カ月頃の赤ちゃんの日常は、昼夜問わずに起きては泣いて、また眠るという繰り返しです。そのため、産後で体力が回復していないママが、泣きやまない赤ちゃんの世話を一人でして、さらに家事までするとなると、その負担は大きなものになります。睡眠時間も確保できず、ほとほと参ってしまいます。

だからこそ、パパのサポートが必要になります。「泣きやまないね～、抱っこ代わるよ」とママを気遣い、大変さを共有することで、体力的にも精神的にもママの負担はグンと減っていきます。

仕事の都合などでパパが産後のママをサポートできない場合は、祖父母に手助けを頼んだり、産褥シッターさんを手配するといった方法もあります。なるべく**ママが休める環境を整えることもパパの務め**です。

赤ちゃんは泣くことでしか気持ちを伝えられない

赤ちゃんが泣き続けているときは、まず理由を考えてみましょう。赤ちゃんの感情は「快」か「不快」かが全てです。快＝心地よいときには、笑っていたり穏やかに過ごしたりしています。でも、不快＝心地よくないときには、**言葉をもたない赤ちゃんはぐずったり泣くことでしか伝えられない**のです。

赤ちゃんが泣く理由はいろいろあります。泣きやませるアイデアもいろいろありますが、「なぜ泣いているのかな？」と赤ちゃんの気持ちに寄り添い

（続きは98ページ）

赤ちゃんはなぜ泣くの?

おなかがすいたよ〜

赤ちゃんは泣くことで、おなかがすいたことを知らせます。最初はぐずぐず、だんだん大きな声で泣きます。

おしっこやウンチが出たよ〜

おむつの汚れが不快で泣いています。「おしっこ出たの?」「おむつ替えようね」と話しかけながら対応を。

暑いよ〜、寒いよ〜

暑かったり寒かったりするときも、泣くことがあります。室温管理にも気をつけましょう。

具合が悪いよ〜

泣き方が激しかったり、逆に弱々しいときは、熱がある、おなかが痛いなどの体調不良の可能性があるので注意!

かゆいよ〜、チクチクするよ〜

ウェアの素材がチクチクする、タグが肌にふれているなど、不快な状況を伝えるために泣くことがあります。

抱っこしてほしいよ〜

寂しいときや甘えたいとき、不安なときに、泣いて抱っこをせがみます。余裕があれば抱っこしましょう。

特に理由もなく、ただ泣きたいという場合もあるよ。「泣きたいんだね〜」と寄り添ってあげよう。

COLUMN

夜中に抱っこお散歩も、今ではいい思い出

娘たちが赤ちゃんだった頃、寝かしつけてホッとしても夜泣きが始まり、妻と「今夜も夜泣きだね〜」と話していました。部屋の中で揺らしながら抱っこしていると落ち着くこともありましたが、大抵は外に出て、マンションの階段を上ったり下りたりの繰り返し。それでもダメな場合は、近所をゆっくり散歩しながら寝かせつけました。

当時は寝不足になるし、つらいと思いましたが、今になると夜中の抱っこお散歩は、とても貴重でよい思い出です。そんな濃密な時間があったからか、今でも娘二人は「パパと一緒がいい〜」と言ってくれています。

坪井博一さん

44歳・自営業(ネットリサイクルショップ)

長女8歳・次女5歳

つつ対応することが何より大切です。

また、赤ちゃんにとっては泣くことも運動と考えれば、どうしても泣きやまないときでも、イライラする気持ちが減ることでしょう。

抱っこの経験を重ねて赤ちゃんの信頼を得よう

もうひとつ重要なのが、**「泣きやまないときは、パパがどうにかする！」という覚悟をもつこと**です。

抱っこをしても泣き続けられると、「やっぱりママがいいみたい」と赤ちゃんをママに渡してしまうパパが多いようです。それではママの心と体が休まりません。

赤ちゃんが抱っこをされても泣きやまないのは、パパの抱っこがまだちょっと心配だからかもしれません。赤ちゃんを安心させるためには、赤ちゃんからの信頼を得ることが大切。赤ちゃんを抱っこする経験を重ねれば、やがて赤ちゃんもパパの抱っこの感触に慣れ親しみ、「パパが抱っこしてくれると安心、心地いい」という気持ちになるはずです。

寝かしつけに悩んでいるママは多い

赤ちゃんが泣いたら抱っこして、授乳やおむつ替えをして、夕方になれば夕食の準備や赤ちゃんの入浴、そしてやっとたどり着くのが寝かしつけ。でも、なかなか寝てくれない……。

赤ちゃんが早く寝てくれたら、ママは残った家事を片付けたり、ほっとする自分の時間を過ごせます。でも、「寝かしつけに何時間もかかって、自分の時間がもてない」という悩みを抱えているママも少なくありません。

そこでパパの出番です。「パパにしてほしい子どもの世話」としてママが望むものは、遊び相手、お風呂入れ、おむつ替え、そしてこの「寝かしつけ」です（18ページ参照）。

パパも寝かしつけの戦力になろう

すんなり寝かしつけるためには、**赤ちゃんの睡眠までの流れを固定化する**とよいでしょう。例えば、毎日ほぼ同じ時間にお風呂に入れて、お風呂の後は必ずすぐにベッドに入れ、静かに絵本を読んであげる、といった流れを決めておくのです。お風呂→ベッド→絵本を読む声を聞く→眠る、という流れを赤ちゃんに習慣づけることで、寝かしつけがスムーズにいきます。これを「入眠儀式」と言います。

ですからパパは、赤ちゃんが寝るタイミングに帰宅して、赤ちゃんを興奮させるなんてNG。「入眠儀式」の時間や流れを壊さないように早く帰宅して、赤ちゃんをお風呂に入れてから寝かしつけまでの一連の世話を担当しましょう。

夜泣き・ギャン泣きに

泣きやませアイデア

抱っこをする

赤ちゃんを泣きやませるには、抱っこが最強。添い寝でトントンしてもダメなら、抱きあげましょう。抱っこは赤ちゃんが一番安心することなのです。

ゆっくりしたリズムをつくる

赤ちゃんの呼吸に合わせるように、背中を優しくトントンする、抱っこして体をゆっくり揺らしながら歩くなども効果的です。

背中を丸めてあげる

赤ちゃんは子宮にいたときに丸まっていたので、抱っこして丸い体勢にしてあげると、安心して泣きやむことがあります。

タオルで包む

赤ちゃんをベッドに寝かせると、シーツのひやっと感で目を覚まし、泣き出すこともあります。タオルなどで包んで抱っこをして、タオルのまま寝かせるのも一案。

団扇であおぐ

団扇であおいで風を送ったり、窓を開けて外気を感じさせるなど、別な刺激を与えると、気がまぎれて泣きやむ場合もあります。

レジ袋をガサガサする

コンビニのレジ袋をガサガサすると、泣きやむ赤ちゃんもいます。これは万能の方法ではありませんが、試してみてもよいでしょう。

PART 4

パパもできる！基本のお世話③抱っこ、ミルク、お風呂

パパ1人でも世話ができるようになろう！

パパの大きな手で抱っこや入浴を

抱っこと寝かしつけ、おむつ替えとミルク作り、お風呂入れができれば、一通りの赤ちゃんの世話はＯＫ。これで、ママを外出させて自由な時間をプレゼントすることもできます。

抱っこは赤ちゃんが泣いたときの最強の解決策です。**泣いている理由が、ミルクでもおむつでもなかったら、とりあえず抱っこです。**首がすわらない生後2～3カ月頃までは横抱き、首がすわったら縦抱きがおすすめです。首がすわる前でも縦抱きが好きな赤ちゃんもいるので、ときには首を支えなが

横抱き

- 首がすわる前は横抱きが基本
- なるべく体に引き寄せて抱く

縦抱き

- 見える景色が変わるので、縦抱きが好きな子が多い

ミルクの作り方

① 手をよく洗い、ほ乳びんなどは消毒する。
② 分量を量る。
③ 沸騰後、少し冷ましたお湯（約70度）を少し入れて、よく振ってミルクを溶かす。
④ 既定の分量までお湯を入れて、冷水をほ乳びんにかけながら冷ます。
⑤ 腕の内側に1滴落として、少し熱いくらいが適温。

ミルクの飲ませ方

① ほ乳びんの乳首を十分に含ませ、やや斜め上角度にして、乳首の中をミルクで満たすようにしてあげる（空気が入らないようにする）。
② 飲み終わったら、縦抱きして背中をさすり上げ、ゲップを出させる。

よく飲んでくれないときは、乳首やメーカーを変えてみるのも手。

抱っこ、ミルク、お風呂

沐浴

① ベビー服や肌着はすぐに着られるように広げておく。
② ベビーバスと洗面器に約40度のお湯を用意。
③ 赤ちゃんを裸にして沐浴布をおなかにかけ、首を支えながらそっとベビーバスに入れる。
④ 洗面器のお湯で濡らしたガーゼで、赤ちゃんの目のまわりや顔を拭く。
⑤ 手のひらに石けんを泡立てて、赤ちゃんの体全体を洗う。首のしわや足の付け根、わきの下は念入りに。
⑥ 頭も石けんを泡立てて洗う。

お風呂

（パパ・ママの連携の場合）

生後1カ月頃から

① 赤ちゃんの抵抗力が弱いので、湯船には新しいお湯を入れておく。温度は約40度程度が目安。
② パパがさっと自分の体を洗ってから、ママから赤ちゃんを受け取る。
③ 赤ちゃんと一緒に湯船につかり、赤ちゃんの体を洗う（洗う手順は基本的に沐浴と同じ）。
④ 赤ちゃんを湯船から出すときは、ママがそのままバスタオルで受け取り、水分を吸い取るように拭く。
⑤ ウェアを着せる。

1人で赤ちゃんをお風呂に入れるときの工夫

こんな方法も

- 脱衣所に座布団を2枚用意して、1枚の上にはバスタオル、もう1枚の上には赤ちゃんの肌着をあらかじめ広げておき、お風呂から出た後にすぐに赤ちゃんを拭いて着替えができるようにしておく。
- 脱衣所にベビーラックを置き、さっと自分の体を洗っている間、ベビーラックに赤ちゃんを寝かせておくようにする。

ら縦抱きも試してみましょう。

パパの場合、母乳は出ませんが、ミルクなら作れます。ミルクを飲ませることも**授乳の後にゲップを出させることもできます**から、積極的に関わることが大切です。

また、赤ちゃんの入浴の世話は、ママ1人ではとても大変です。特に**ベビーバスでの沐浴は腰に負担がかかるので、パパが担当したいところ**です。沐浴の手順をマスターして、パパの大きな手で赤ちゃんを抱っこしながら体をきれいに洗ってあげましょう。

生後1カ月頃になるとベビーバスを卒業して、大きなお風呂に赤ちゃんも一緒に入ります。パパとママで連携してお風呂に入れましょう。パパが赤ちゃんとお風呂に入り、ママが赤ちゃんの体を拭いて服を着せるというケースが多いようですが、**着替えは手がかかる作業**なので、ときには担当を交代しましょう。

PART 4

5

離乳食作りにチャレンジ!

離乳食は食事に慣れるための練習期間!

離乳食基本テクニック

すりおろす
リンゴやニンジンなどのかたいものは、おろし器ですって細かくしよう。

つぶす
バナナなどのやわらかいものなら、すりこぎなどで崩して離乳食に。

ほぐす
白味魚などの食材は、手やフォークを使って身をほぐす。

とろみをつける
片栗粉やヨーグルトなどでとろみをつけて、食べやすくする。

離乳食の量や固さは成長に合わせて調整

離乳食は1日1回、1さじの10倍粥から始めます。おかゆなどの炭水化物は、主食となる大事なエネルギー源です。10倍粥に慣れてきたら、徐々に野菜やたんぱく質源食品を与えます。赤ちゃんの様子を見ながら、量や固さを調整していきます。

おっぱいは自然に吸うことができても、食べることは練習しないと身につきません。赤ちゃんのペースに合わせて食べる練習をさせましょう。

パパだって離乳食を作って、赤ちゃんに食べさせることができます。まずは、上に挙げた「離乳食基本テクニック」をマスターしましょう。固形の食べ物をしっかり噛んで食べることができない赤ちゃんのために、かたまりやざらつきがないよう調理してあげます。裏ごし器や茶こし、ザルなども便利なアイテムです。

離乳食を始めたばかりのゴックン期などは、1回に食べる量が少ないので、まとめて作っておいてフリージングしておくのがおすすめです。

離乳食作りは誰もが初心者です。赤ちゃんの発育の基本を理解して、夫婦で協力しながら離乳食を進めていきましょう。

基本の離乳食レシピ

10倍粥

ごはんから作る

① 鍋にごはんと水を入れて火にかける。
② 沸騰したら弱火にして、蓋をして8～10分。
③ 火を止めて蒸らす。
④ 冷めたら取り出して、すり鉢でなめらかにする。

材料
- ごはん（1/2カップ）
- 水（2カップ）

お米から作る

① 研いだ米と水を鍋に入れて火にかける。
② 沸騰したら弱火にして、蓋をして20分。
③ 火を止めて蒸らす。
④ 冷まして、すり鉢でなめらかにする。

材料
- 米（1/4カップ）
- 水（2.5カップ）

出汁

出汁昆布とかつお節から作る

① 鍋に水と昆布を入れて火にかけ、沸騰する前に昆布を取り出す。
② 火を弱め、かつお節を加える。沈んだらザルでこす。

材料
- 出汁昆布（1枚）
- かつお節（1つかみ）
- 水（3カップ）

野菜から作る

① 野菜は洗って小さく切る。
② 鍋に水と①の野菜を入れ、火にかける。
③ 沸騰したら弱火にして、15分ほど煮てからザルでこす。

※煮込んだ野菜は離乳食で活用する

材料
- 玉ねぎ（1/2カット）
- にんじん（1/2本）
- キャベツ（3枚）
- 水（3カップ）

フリージングの基本

再冷凍は絶対しない

冷凍した食材を解凍し、再冷凍すると品質が落ちるのでNG。

ラップで包んで薄くする

薄くすることで早く凍り、使う際も凍ったまま折って使えて便利。

1回分ずつ冷凍する

製氷皿などを使って、離乳食1回分ずつ取り出せるよう保存する。

1週間で使い切る

赤ちゃんは抵抗力が弱いので、冷凍ものも鮮度のよいものを。

先輩パパに聞く
わが家のオリジナル離乳食レシピ

教えてくれた人

滝村雅晴さん

47歳・パパ料理研究家
農林水産省食育推進会議専門委員
娘11歳

かぼちゃペースト

ゴックン期向け

① かぼちゃを茹でて、すりつぶす
② ①に出汁を加えてのばす。

材料
・かぼちゃ（大さじ1）
・出汁（大さじ1/2）

【パパへアドバイス】
かぼちゃの皮と種は取り除く。とろみは出汁で調整。

ほうれん草うどん

モグモグ期向け

① うどんとほうれん草は、茹でてみじん切りにしてすりつぶす。
② うどん、ほうれん草を、出汁でのばす。

材料
・うどん（30g）
・ほうれん草（小さじ1～2）
・出汁（小さじ1）

【パパへアドバイス】
冷凍うどんをストックしておくと便利。大人食を取り分けて離乳食に。

白身魚のあんかけ

カミカミ期
向け

① 出汁に白身魚の切り身を入れて火を通す。
② 水溶き片栗粉でとろみをつける。
③ 離乳食の分量を取り出し白身魚を軽くほぐす。

材料
・白身魚（大さじ1）
・出汁（大さじ1）
・水溶き片栗粉
（水2：片栗粉1）

【パパへアドバイス】
白身魚は、タラ、ヒラメ、タイ、サケ、カレイ、ホッケなど。

フルーツ入りヨーグルトサンドイッチ

パクパク期
向け

① サンドイッチ用食パンを半分に切る。
② ヨーグルトとりんごみじん切りを和える。
③ ②をパンの片面に塗り、残りのパンで挟み、パン切り包丁で斜めに切る。

材料
・サンドイッチ用食パン
（8枚切り1枚）
・プレーンヨーグルト（40g）
・りんごみじん切り（20g）

【パパへアドバイス】
手づかみできるサイズに、サンドイッチを切りましょう。

PART 4

6

簡単でおいしい！家族大喜びのパパごはん

子どもや妻のために
作る料理が
パパごはん！

まずはごはんと味噌汁からスタート

赤ちゃんが生まれると、気軽に外食もできません。ママは赤ちゃん中心の生活になります。特に赤ちゃんの生活リズムが安定しない生後3～4カ月頃までは、授乳におむつ替え、抱っこと、ママは落ち着いてごはんを食べる暇もないくらい忙しいのが現実です。

そんなママを助けるためには、パパも料理を作るのが好きだとか嫌いだとか言っている場合ではありません。ママに代わってパパごはんを作り、夫婦で協力して子育てしていかなければいけません。

料理研究家の土井善晴氏は著書『一汁一菜でよいという提案』（グラフィック社）の中で、日常の食事はごはんと具だくさんの味噌汁で充分だと言っています。

料理作りの経験がないというパパは、まず**ごはんを炊く、味噌汁を作るということから始めてみましょう**。

炊いたごはんや味噌汁の出汁は、離乳食や幼児食にも使えます。ママが風邪などで体調が悪いときには、味噌汁にごはんを入れ、おじやにしてあげることもできます。

味噌汁の具で人気なのが、豆腐、わかめ、油揚げ、玉ねぎ、大根、じゃがいも、ねぎ、なめこ、あさり、しじみなどです。2種類以上を組み合わせれば具だくさんの味噌汁になり、おかず代わりにもなります。他にも季節の野菜を常に具にすれば、毎日の味噌汁レシピに困ることはありません。旬の野菜は栄養価が一番高く、値段もお手頃です。

料理上手になるための近道は？

料理作りの基礎を身につけたら、次はワンプレート料理にチャレンジしてみましょう。

何を作ったらいいのか悩んでしまうなら、普段の仕事の合間に食べに行くランチを思い浮かべてください。牛

料理は買い物から！　買い出しのコツ

買い物リストを作る

何を作るか決めたら、まずは冷蔵庫の在庫チェックは必須。冷蔵庫にあるものと同じものを買わないように、必要な食材だけの買い物リストを作ろう。リストがあれば、買い物の時間も短縮できる。

「安い」だけで買わない

スーパーには特売商品がずらり。でも、安いからといって買いすぎると、結局無駄になることも。また、鮮度が落ちて安くなった食材を買うのは避けよう。子どものために、新鮮なものを選んで買おう。

1週間分をまとめ買いする

今日は何を作ろうかと毎日悩むより、1週間分の献立を考えてまとめ買いする方が効率的。買い物時間も減り、食費も抑えることができる。夫婦で相談しながら1週間の献立を決めよう。

ネットや宅配も活用しよう

スーパーに足を運ばなくても、今はネットや宅配でも買い物ができる時代。仕事が忙しくて買い物に行く時間がないときは、無理せずネットスーパーや食品宅配業者をうまく活用してみよう。

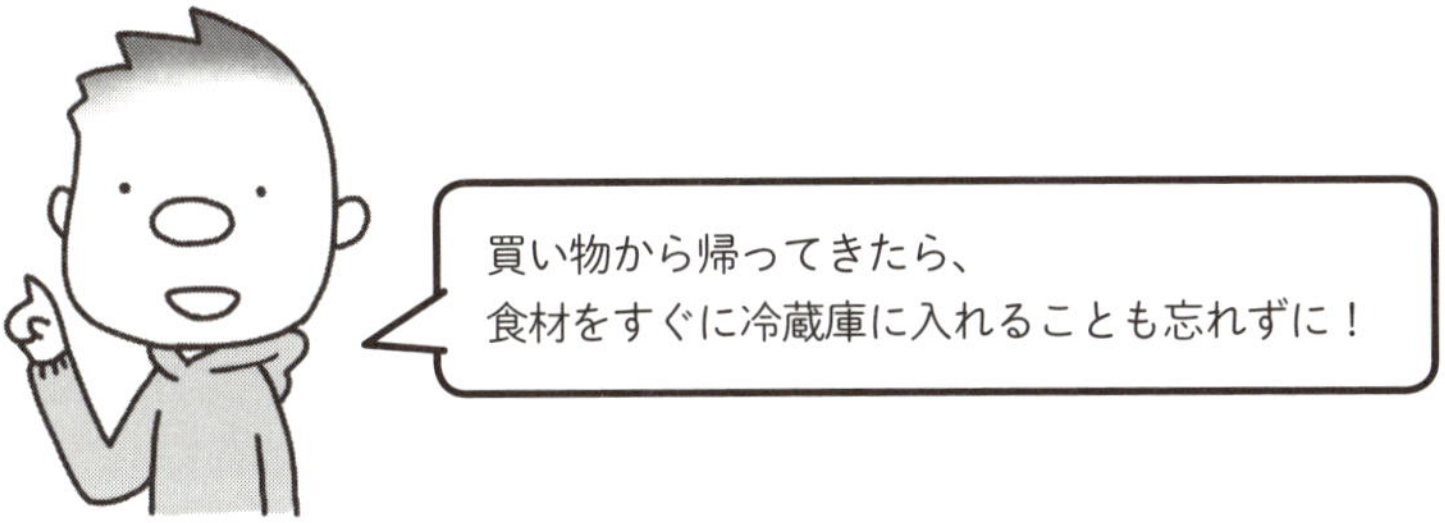
買い物から帰ってきたら、
食材をすぐに冷蔵庫に入れることも忘れずに！

丼、カレー、炒飯、パスタなど、一品物が多いことでしょう。その中で、**自分が食べたい料理を作るのが、料理上手になる近道**です。また、パパが好きな料理は、意外と子どもも好きな料理であることが多いので、「パパおいしい！」と子どもにほめられる日もやってくるはずです。

料理初心者は、いきなり作ると失敗して料理に苦手意識をもつかもしれません。そんなときは、料理本やネットの料理サイトなどに掲載されたおいしそうな料理写真を見つけ、そのレシピ通りに丁寧に作ってみましょう。

どんな料理を作るにしても、初めのうちは時間がかかることでしょう。けれど、上手にできたときの喜びはひとしおです。

パパが料理を作れるようになれば、ママの家事の負担は大きく減ります。そして、夫婦ともに笑顔で子どもに接する時間が増えることでしょう。

家族大喜びのパパごはんレシピ

パパごはんのキホンは、おなかを減らした子どもたちを待たせず、簡単な手順で素早く作れる料理であること。定番の炒飯、丼物、うどん料理のレシピ（3～4人分）をここで紹介します。

ツナ炒飯

調理時間 15分

① フライパンに、刻んだ生姜とオリーブオイルを入れて火にかける。

② ①が香ったら、ごはんを入れ、溶いた卵を加えて手早く強火で炒める。

③ ツナ缶をオイルごと加え、小口切りのネギとAを順に加えて炒め、できあがり。

材料

- 生姜（1かけ）
- オリーブオイル（大さじ1.5）
- ごはん（丼1杯）
- 卵（1個）
- ツナ缶（1缶）
- 白ネギ（1本）
- A［塩（少々）、粗挽き胡椒（少々）、酒（大さじ2）、醤油（大さじ1.5）、鶏ガラスープのもと（少々）］

【大人アレンジ】
辣油をかける

【子どもアレンジ】
③ を省き、塩・醤油少々だけで味つけ

卵豆腐丼

調理時間 20分

① 豆腐を8等分に切り、卵は割り溶いておく。小松菜はざく切り。

② フライパンにAと豆腐、小松菜を加えて蓋をして火にかける。

③ 煮立ったらBを加えて火が通るまで5～7分煮る。

④ 溶き卵を回しがけし、火を止めさっとかき混ぜ、蓋をして蒸らす。好みの半熟になったらできあがり。

⑤ お玉で具と汁をすくって、ごはんにかける。

材料

- 絹豆腐（1丁）
- 卵（3個）
- 小松菜（3～4株）
- ごはん（適量）
- A［水（200cc）、出汁昆布（1枚）、かつお節（少々）］
- B［醤油（大さじ4）、みりん（大さじ2）、酒（大さじ2）、砂糖（大さじ2）］

【大人アレンジ】
七味をかける

【子どもアレンジ】
汁を多めに、ごはんと具を和える

調理時間
10分

スピードぶっかけうどん

① 冷凍うどんを袋のまま電子レンジ（600w）で３分30秒加熱。

② うどんを器に取り分け、合わせためんつゆと水、溶き卵をかける。

③ 食べやすい大きさに切った、きゅうり、トマト、ハムをトッピングする。

材料

・冷凍うどん（２玉）
・めんつゆ（200cc ＊２倍濃縮）
・水（200cc）
・きゅうり（１本）
・トマト（１個）
・ハム（３枚）
・卵（１個）

【大人アレンジ】
トッピングにキムチも加える

【子どもアレンジ】
うどんをキッチンハサミで切って食べやすく

パパごはんの注意点

時間をかけすぎない

育児期間中の料理作りは素早さが勝負。あらかじめ必要な食材は全てキッチンに出しておき、何品も同時にマルチタスクで作れるよう工夫しよう。

お金をかけすぎない

料理を趣味にして家計に負担をかけてはダメ。予算を決めて買い物に行こう。ありもので料理が作れるようになれば、家計を預かるママも大喜び。

後片付けまでが料理

料理は、作れば終わりというものではない。食後の洗い物やゴミの分別、ゴミ捨てまでやって料理完了。後片付けも率先してこなしていこう。

PART 4

7

家事シェアテクニック

家事シェアで
家事を
効率的に！

家事シェアで夫婦の信頼貯金を増やそう

夫婦それぞれに理想とする生き方やキャリアプランがあります。それなのに、家事が足かせになって、その想いを実現できないのはもったいないことです。

家事は、生活を営む上で必要な仕事というだけではありません。夫婦の家事のスキルギャップがなくなれば、お互いの働き方や趣味の時間まで支え合えるパートナーシップが芽生えます。そして家事を通してお互いが支え合うことで、夫婦の信頼関係や絆をさらに強めることができます。**家事のシェアには、夫婦間の信頼貯金を大きく増やす力がある**のです。

パパに求められるのはオーナーシップ

家事シェアのためにパパに求められることは、オーナーシップです。オーナーシップとは「言われたからやる」という消極的姿勢ではなく、**自分自身の課題として取り組むこと**です。

「面倒だから」「不得意だから」という理由で家事に及び腰になっていてはいけません。暇な時間にだけ、あくまでママのサポート的な立場で家事に関わればいい、という考え方でもいけません。オーナーシップを意識して、パパも家事・育児を行う時間をちゃんと確保しましょう。日常的にママと協働していくことが大切です。

家事シェアとは単なる家事分担ではない

ここで、あらためて家事のシェアとは何かを考えてみましょう。

「NPO法人tadaima!」が行った「男性の家庭進出に関する意識調査（2016年）」によると、ママが家事をしているときのパパの過ごし方は、ほぼテレビ・スマホ・新聞を見ているとのこと。そして、ママが何より腹立たしく感じることは、「自分が家事をしている間に、相手がスマホやテ

（続きは112ページ）

4つの「ダン」が家事シェアのコツ！

段

段家事
＝段取り

家事の柔軟な段取りを決めよう！

夫婦二人が一緒のときに、どうやって家事をすれば効率的か、段取りを考えましょう。例えば、平日の朝は「朝ごはんを作っていない方が、子どもの保育園の準備をする」などと柔軟なルールを作るとよいでしょう。こうしたパラレル的な家事の段取りをいくつか組み合わせると、家事がかなり合理化されます。トライ・アンド・エラーを繰り返して、わが家なりのパターンを確立させましょう！

断

断家事
＝断つ

やらない家事を決めよう！

「あれもこれもやろうと思うのに、ちゃんとできない」とか「パパは家事が雑だから」とか、完璧に家事をしようとすると、どうしても自責・他責に陥りがちです。でも、家事をシェアする場合は、やらない家事を決めることも重要。省く家事を決めるだけで時短にもなるし、気持ちのゆとりも生まれます。自分が抱え込んでいるこだわりを一旦断って、わが家のボーダーライン（最低限できていたらＯＫのライン）を決めていきましょう。

団

団家事
＝団結

団結して家事をチーム化しよう！

家事をこなすために夫婦で団結するのはもちろんですが、家族だけでがんばる必要は、実はないのです。夫婦だけでは家事の負担が大きすぎるなら、家事代行業者やシルバー人材サービスを活用する方法もあります。これは、家事の担い手を家族以外の範囲まで広げ、チームとして団結して家事を行うという考え方です。何より重要なことはママの負担を減らすことですから、検討してみるだけの価値はあるでしょう。

談

談家事
＝相談

コミュニケーションを大切に！

段取りを決めるのも、家事を断つのも、チームで家事を行うのも、夫婦でしっかりと相談しながら決めましょう。お互いが話し合いながら、わが家なりの家事のやり方を作り上げていくのです。相談をせずに決めると、決めた本人がその仕事を抱え込むことになってしまいがち。けれど、家事については、なかなかママからは相談しにくいものです。パパの方から家事の段取りの相談を持ちかけるようにしましょう。

家事についての話し合い×家事満足度

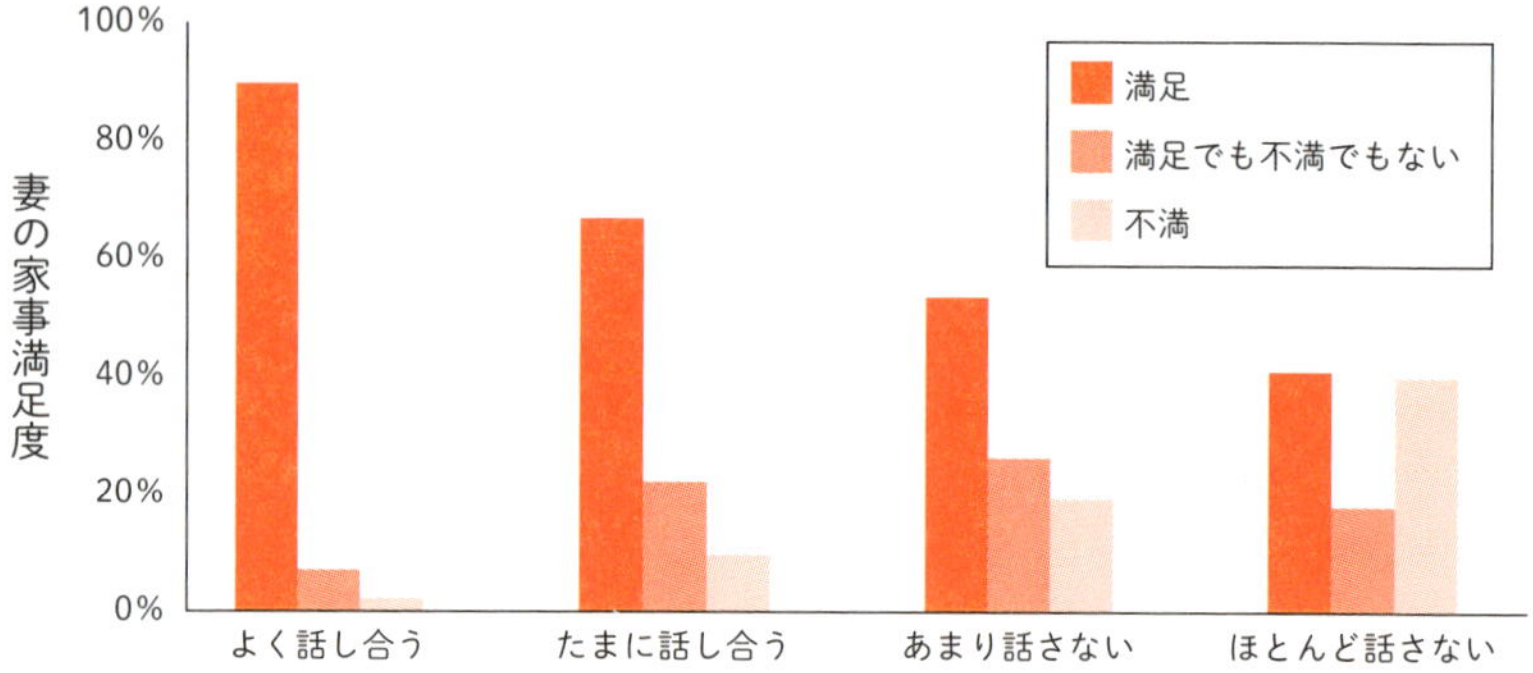

出典：NPO 法人 tadaima「家事シェア白書」(2013年9月) をもとに作成

家族みんなが家事について
意識して考えていると、
ママの心の負担も減るんだね。

レビを見ていること」なのです。

夜遅くに疲れて帰ってきたパパに、ごはんを作ってほしいとか掃除をしてほしいとか、ママは思っているわけではありません。でも、夫婦が一緒にいるときに、自分だけが家事・育児に奔走し、パパの方はのんびりテレビを見ているというのでは、不公平だという気持ちになっても仕方ありません。

家事シェアとは、単純に家事の分担を5対5にすればいいということではありません。シェアとは「共有」という意味です。ですから、家事労働の分担だけでなく、**ママの感じている「不公平感」もなくす**ことができなければ、本当の意味での家事シェアを確立したことにならないのです。

家事の負担解消だけでなく不満の解消も重要

では、家事シェアを確立するにはどうすればよいのでしょうか。実は、家事のイライラには2種類の原因があります。ひとつは**家事労働に対する「負担」**、もうひとつは不公平感による**相手への「不満」**です。

家事の話になると、ついつい家事の分担をどうするかという話になりがちです。つまり、「負担」の解消ばかりを考えてしまう場合が多いのですが、それだけでは不公平感による「不満」は解消されません。

ママは、「結局、私がやらなきゃ家事がちゃんと片付かないから、私ばかりががんばっている」という不満を抱いています。一方のパパも、「俺だって忙しい中で、やれることはやっているのに、ダメ出しばかりされる」と思っています。家事分担をしているはずなのに、お互いにモヤモヤした気持ちで、ママの不公平感が募るばかりです。

負担の軽減なら、111ページで紹介している「断家事」や「団家事」を試すと効果的です。特に仕事の都合でパパが戦力になりづらい場合、働き方の見直しと同時に、「団家事」で外部リソースの活用を考えてみましょう。

そして**不満の解消の秘訣は、何よりもコミュニケーション**です。111ページの「段家事（特に柔軟なパラレル家事の実行）」と「談家事」が不満を解消させるポイントとなるはずです。

また、家事について話し合う機会を増やすだけで、ママの満足度が上がるというデータもあります（前ページ参照）。

家事は一人で担うと本当に大変。でも、2馬力になった途端、その負荷は半減どころか3分の1にも感じられるほどラクになります。ママとのコミュニケーションを深めることで、不公平感をなくす努力をしていきましょう。

パパが家事をするメリットは？

パパが家事をする目的は、もちろんママを助けるためですが、メリットを享受するのは何もママだけではありません。家事を通してパパ自身が受けるメリットだって、たくさんあるのです。

家事の負荷がパパによって軽減されれば、ママの気持ちにもゆとりが生まれます。

ママにいつも嫌な顔をされる飲み会や休日のゴルフの誘いも、家事シェアができていれば「今日はゆっくりリラックスしてきて」と気持ちよく送り出してもらえるかもしれません。それは、「この人はいつも一生懸命に私をサポートしてくれている」という**目に見えない信頼感のバロメーターが上がっている証拠**なのです。

そのように良好なパートナーシップを培うことができれば、家庭の中がいつも明るくなり、子育てにとってもよい環境が生まれます。

ママの視点から

パパにやってほしい家事

「言われたから、やる」ではなく、主体的に家事に関わろう

WEBサイト「こそだて」の調査によると、ママがパパにやってほしい家事の1位は「ゴミ出し」です。

「ゴミ出し」には、家の中のゴミを分別し、指定のゴミ袋がなくなったら購入し、ゴミの種類ごとの収集日を把握して該当日にゴミを出す、という全ての作業が含まれます。「ゴミ出しならボクもやっているから大丈夫」と思っているパパ、そこまでしっかりやって

ママがパパに日常的にしてほしい家事は?

順位	家事	割合
1位	ゴミ出し	73.6%
2位	風呂掃除	64.9%
3位	皿洗い	53.2%
4位	部屋掃除	49.5%
5位	洗濯&洗濯物干し	38.1%
6位	洗濯物をたたむ	33.3%
7位	料理	33.0%
8位	何もない	5.4%

(ママ315名が回答　WEBサイト「こそだて」調べ　2016年)

いますか？

ママがゴミ袋の管理もゴミの分別もして、収集日になると「今日はこのゴミを出してね」と指示して、パパがゴミを集積所に持って行くだけなら、パパのしていることは「ゴミ出し」ではなく、単なる「ゴミ移動」にすぎません。それでは結局、ママの負担はあまり減りません。

ゴミ出しに限らず他の家事についても、**ママに言われて部分的に手伝うだけでは不足なのです**。

アンケートでは「ゴミ出し」「風呂掃除」といった体力のいる家事が上位を占めていますが、ママの本音は「力仕事だけしてくれればいい」というものではないはず。

「言われたから、やる」ではなく、どんなことをママが負担に感じているかを聞き、主体的に家事に関わっていきましょう。

COLUMN

役割分担をきっちり決めすぎるのは考えもの

長男が生まれた頃、育休中の妻が家にいるのをいいことに、私は家事をサボり気味でした。そのせいもあって、妻はいよいよ復職という時期、家事をリストアップして役割分担を細かく決めました。しかし、きっちりと決めすぎたことで、どうしても相手のできないことに目がいってしまい、ギスギスした関係になってしまいました。

役割を超えてお互いができることをしたり、相手に感謝を示すことで、気持ちよく生活できると気づいたのは、妻の復職からしばらく経ってからでした。

お互いの役割分担に「線を引く」のではなく「重ね合う」ことで、毎日を笑顔で過ごせるようになると思います。

高橋利明さん
42歳・団体職員
長男6歳・次男3歳

COLUMN

週末の朝食作りのおかげで娘の成長を実感

私は週末の朝食に、パンケーキかフレンチトーストを焼くことが習慣になっています。パンケーキは最初はあまりうまく膨らみませんでしたが、手慣れてくるときっちり膨らむようになり、楽しくなりました。コツは、混ぜすぎない、高いところから落とす、勢いよくひっくり返すことです。

いつも私がパンケーキを楽しそうに焼いていると、娘が「私もやる！」と手伝うようになりました。そこで、材料の計量、混ぜ方、ひっくり返し方を徐々に伝授し、ついに娘は私から教わった手順で、パンケーキやフレンチトーストを焼けるようになるまで成長しました。

娘の成長を実感できたことは、本当に幸せです！

尾形和昭さん
45歳・セミナー講師
長女9歳・長男6歳

PART 4

8

育児グッズは夫婦で選ぼう

必要な育児グッズは何か、優先順位をつけよう。

これだけは用意しておきたい育児グッズ

- □ 抱っこ紐
- □ 授乳クッション
- □ ベビー用布団
- □ 紙おむつ、おしり拭き
- □ おむつ用ゴミ箱
- □ ほ乳びん
- □ 赤ちゃん用体温計
- □ 湯温計
- □ 赤ちゃん用爪切り
- □ ファザーズバッグ
- □ チャイルドシート
- □ ベビー用肌着

「買わなきゃよかった」をなくそう

大変なことも多い子育てをハッピーに乗り越えるためには、便利な育児グッズをどんどん利用してみましょう。育児グッズがかっこよかったり、育児グッズに癒されたりすると、もっと育児が楽しくなります。

でも、子育ての先輩パパ・ママたちに聞くと、実は買って後悔した育児グッズもあるようです。例えば、ベビーベッドに寝かせようとすると泣いてしまうため、添い寝をしていたらほとんど使わなかった。ベビーミトンをつけても、嫌がってすぐに脱いでしまうなどなど。

そこで、育児グッズを買う際は、「他のもので代用できないか？」「すぐに使わなくならないか？」というポイントで検討しましょう。よく考えないで安易に買うと後悔します。

育児グッズは「賢く選ぶ」ことが大切

育児の状況や赤ちゃんの成長段階によっても、必要な育児グッズは変わってきます。ほ乳びんを用意していても、母乳がたくさん出て、赤ちゃんがほ乳びんの乳首を嫌がって使わないというケースもあります。また、紙おむつは、赤ちゃんの成長に合わせて、ど

育児グッズを選ぶポイント

おすわり椅子

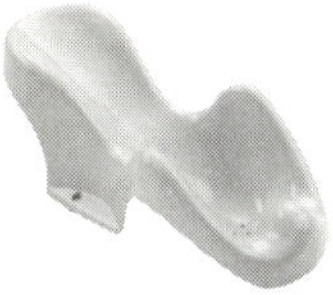

特に活躍するのがお風呂。パパやママが体を洗っている間、これに赤ちゃんをすわらせておけば安心。抗菌性が高く、カビにくい素材のものがおすすめ。

授乳クッション

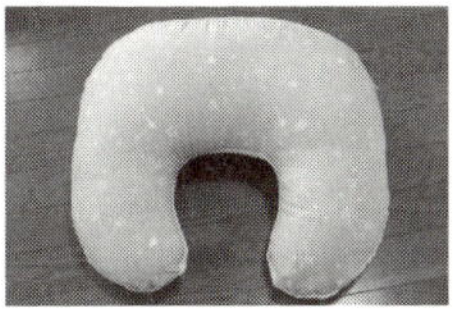

赤ちゃんをだっこしたまま授乳するときの必需品。持ち運びやすく、厚み（高さ）があるものを選ぶのがポイント。ソファークッションなどでも代用可能。

抱っこ紐

長ければ2、３歳まで使うので、丈夫で体に負担をかけないものをチョイスしましょう。パパとママそれぞれに用意するのもおすすめです。

おむつ用ゴミ箱

おむつから放たれる異臭はいかんともしがたいものです。普通のゴミ箱ではなかなか太刀打ちできませんが、密閉防臭タイプのおむつ用ゴミ箱なら、子育て環境を快適・衛生に保つことができます。

チャイルドシート

車に赤ちゃんを乗せる場合、チャイルドシートの使用は法律で定められています。産院の退院時から使えるものか、わが家の車に取り付け可能か要チェック。購入補助や貸出しを行っている自治体もあります。

ファザーズバッグ

パパの子育てスイッチを入れるには効果テキメン！汚れにくくて軽いものや、ポケットが多めのショルダータイプがおすすめです。

んどん大きなサイズに切り替えていかなくてはなりません。新生児用の小さな紙おむつを大量に買っておいても、無駄になってしまいます。

育児グッズは、**最初から何でもかんでも買う必要はない**ということです。レンタルや、おさがりをいただくという方法もあります。

一番注意したいのは、育児グッズ選びの際もパートナーの「こうしたい！」という思いを否定しないこと。パパからすると不要に見える育児グッズもママには必要だったり、その逆もあるでしょう。

育児を便利に楽しくするという観点から、夫婦でしっかり話し合って、育児グッズをそろえるようにしましょう。また、必需品となる育児グッズは何か、なくてもいい育児グッズは何かを考えるとき、先輩パパママの体験談も参考にしましょう。

PART 4

9

家庭内事故を防ぐために

環境を整えて
事故を
減らそう!

「不慮の事故」による子どもの年齢・原因別の死亡数

	0歳	1～4歳	5～9歳
総数	89	109	106
交通事故	7	32	53
転落や転倒	1	5	7
不慮の溺死・溺水	4	28	29
不慮の窒息	74	29	8
煙・火・火災への曝露	-	5	4
その他	3	10	5
総数（除、交通事故）	82	77	53

出典：厚生労働省「平成25年人口動態統計」

実は家庭内での乳幼児の事故が多い

子どもが事故で命を落とすケースというと、外出先での交通事故などを思い浮かべるパパが多いと思います。ですが、**実は家庭の中での事故が最も多い**のです。上記の表の転落や転倒、溺死・溺水、窒息などはほとんど家の中で起こっています。

ベッドや椅子、ソファー、階段などからの転落や転倒、お風呂や水遊びプールなどでの溺死、やわらかい布団などによる窒息もあります。また、誤飲によって喉に詰まらせ、窒息する事故も起きています。

事故が起こったときの保護者のコメント（小児科医・山中龍宏氏『事故による子どもの障害予防に取り組む』「国民生活研究」）として、「ちょっと目を離した隙に」「出かけようとしてバタバタしていたら」「動けないはずなのに」「夫に子どもを見てもらっていたら」「アッと思ったときにはもう遅く」などといったものがあります。これらのコメントから、事故防止のヒントが見えてきます。

事故が起きないような環境を整えることが大切

子どもの事故は、前出のコメントにもあるように「ちょっと目を離した隙

PART 1
PART 2
PART 3
PART 4
パパになるための基本スキル

子どもの成長に応じた事故防止ポイント

0～1カ月頃（ねんね）	窒息の心配があるため、やわらかい布団に寝かせることを避ける。タオルが顔にかぶってしまう可能性があるので、周辺に置かない。
2～3カ月頃（首がすわる）	ベッドやソファーからの転落に注意。ベビーベッドは柵を上げる、または床に布団を敷いて寝かせる。
4～5カ月頃（寝返り）	手の届くところに、鋭利なもの（ハサミ、カッター）やポット、アイロンなどを置かない。誤飲の原因になるような小さなものは床に置かない。
6～7カ月頃（おすわり）	首などに巻き付くと危険なので、長い紐を持たせない。スタイ（よだれかけ）の紐にも注意。
8～9カ月頃（はいはい）	階段に柵をして転落を防止。ストーブやヒーターにも柵をして、ふれられないようにする。
10～11カ月頃（つかまり立ち）	ぶつかっても大けがをしないように、家具の角などにクッションテープなどを取り付ける。
1歳頃（歩きはじめ）	テーブルクロスなどを引っ張る可能性があるため、使わない。味噌汁や鍋物など熱い料理や、大人が飲むコーヒーなどにも注意。
2歳頃（歩く、走る）	転落防止のため、ベランダに出られないようにする。植木鉢やバケツなどベランダに踏み台になるようなものを置かない。

※成長発達には個人差があるため、以上のポイントはあくまで一例。

に」起こるものです。

パパもママも、子どもの安全を心配して常に気をつけているはずです。でも、どんなときでも一切子どもから目を離さずにいるというのは、現実的に無理な話です。そこで、**ちょっと子どもから目を離したとしても事故が起きないように、安全な環境を整える**ことが大切です。

例えば、生まれたばかりの赤ちゃんでも、手足をばたつかせ、少しずつ向きを変えることがあります。やわらかくて厚い布団に寝かせていると、体の向きが変わったせいで布団に口が塞がれ、窒息するという事故も起こり得ます。ですから、赤ちゃんを寝かせる場合、やわらかい布団を使わないようにしましょう。

赤ちゃんの行動への想像力を働かせ、事故に結びつきそうな状況を可能な限り排除することで、事故を未然に防ぐことができるのです。

PART 5
PART 6

ここに気をつけて！ 家の中の危険ゾーン

リビング

・カーペットにつまずくことがあるため、敷かない、または端をテープなどで留める
・誤飲する危険があるので、タバコや薬は室内に置かない
・コンセントや機器のケーブルは、見えないように家具などで隠す
・ドアの開閉部分に指を挟んでしまわないように、ストッパーを設置する

キッチン

・ベビーゲートなどで仕切ってキッチンに近づけないようにする
・コンロなどは、誤って点火しないようにチャイルドロックをかけておく
・包丁やハサミ、食器などは、手の届かないところに置く
・ポットや炊飯器、ウォーターサーバーの熱湯に注意

子どもの成長は早い！ 先を読んで安全対策を

もうひとつ重要な心がけとして、**「動けないはずなのに」などといった思い込みをしない**こと。赤ちゃんは日々成長していますから、昨日まで寝返りできなかったのに、急に寝返りできるようになることもあります。「まだ動けないから大丈夫」「まだはいはいしないから大丈夫」と思わずに、常に少し先の発達を予測して事故防止に努めることが大切です。

また、子どもは乳児期を過ぎると行動が活発になり、何でもさわってみたり、やってみたりするようになります。そうした探索行動の経験によって、子どもは成長していきます。

危険な行動に対しては、「それをしちゃダメ！」と注意することも必要です。「ダメ」と言われれば子どもは一時的に危険なことをやめますが、なぜ危

浴室

・通常はドアを閉め、できれば鍵をかける
・湯船に水をためておかない
・お風呂のフタや椅子に注意。上って湯船に転落する場合もある
・10cm 以下の水でも溺れるため、入浴時に短時間であっても1人にしない
・シャワーの蛇口に注意。さわって熱湯を浴びる可能性がある

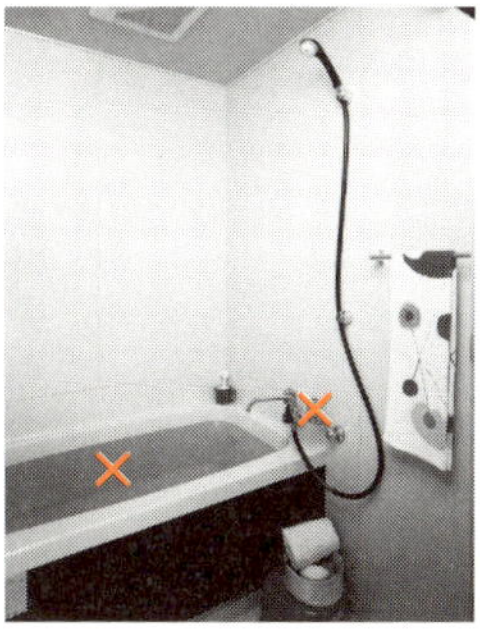

洗面所

・歯ブラシを持ったまま立ち歩かせない。転んで歯ブラシが喉に刺さる危険がある
・洗剤などを置いている棚は開けられないようにする
・子どもが手洗いする場合の踏台は、安定感のあるものを用意

寝室

・乳幼児は新生児突然死症候群（SIDS）の心配もあるので、できれば同室で寝かせる
・大人用ベッドからの落下やベッドガードに挟まる危険もあるので、注意
・ベビーベッドの場合、転落事故防止のため就寝時には必ず柵を上げておく

険なのかを理解できないうちは、また同じことをしてしまうものです。

だからといって、四六時中、子どもの行動に目を光らせ、「ダメ！」を言い続けることは大変です。対策は、この場合もやはり事故が起きないような環境をしっかり整えることです。さわって危ないものを子どもの手が届かないところに置いたり、危ないものに近づくことができないように室内を整理しておきましょう。

そして、「夫に子どもを見てもらっていたら」というコメントがありますが、これは**危険に対する予測力の低いパパが多い**ということです。ほとんどは、子どもの成長を見ていないようなパパは、子どもの成長段階に応じて何が危険となるのか、ポイントがわからないのです。子どもを事故から守るためにも、子どもの成長発達の状況をママとしっかり共有し、危険なポイントを常に把握しておくことが必要です。

PART 4

10

子どもと2人で出かけよう

楽しむことが
お出かけの目的！

パパ自身がワクワクすれば、子どももワクワク

パパの子どもとのお出かけは、ママとのお出かけとは違う体験を子どもにさせてあげられる絶好のチャンスです。子どもも、ちょっとした冒険心をくすぐられることでしょう。いつもはママがしてくれるトイレや食事の世話をパパがしてくれるというだけで、子どもにとっては楽しく新鮮な体験になるのです。

子どもと出かける際に最も大切なことは、パパ自身がワクワクしながら子どもと接するということです。

子どもと出かけていても、出かけ先でスマホばかりいじって子どもをほったらかし、というパパの姿をよく見かけることがあります。それでは、ただ子どもを連れて外に出てみたというだけです。パパ自身が楽しんでいなければ、子どもも楽しくはなく、お出かけの意味がありません。

ですから、無理をして慣れない場所に行ったり、興味がないのにママと子どもがいつも行っているお店などに連れて行く必要はありません。それよりも、公園でサッカーをしたり、山にハイキングに行ったりと、**パパがワクワクする場所に連れ出しましょう**。自分がワクワクできれば、自然と子どもと一緒に楽しく遊びまわれるはずです。

信頼さえ勝ち取れば、二人でどこでも行ける！

初めは、子どもと一緒に近くの公園に行くだけでも十分です。慣れてきたら、パパが好きな場所、行きつけの場所にドンドン連れて行ってあげてください。食事とトイレの世話さえこなせれば、子どもと丸一日一緒に過ごすなど楽勝でしょう。

普段子どもと過ごす時間が少ないパパだと、最初のうちは「ママがいい〜」と泣かれてしまうことがあるかもしれません。でも、そこはぐっと我慢。**子どもは「自分は安全に過ごせるのか？」と不安になるから泣く**のです。

お出かけ必需品リスト

幼児
- [ ] スマホ（情報収集のため）
- [ ] お茶・おやつ・ジュース
- [ ] タオル・ハンカチ・ウエットティッシュ
- [ ] 着替え・帽子・おむつ
- [ ] お気に入りのおもちゃ
- [ ] お金（足りないものはお金で解決）
- [ ] ビニール袋（汚れ物を入れたり、子どもが拾った宝物を入れるのにも便利）
- [ ] よだれかけ

乳児
- [ ] おむつ・おしり拭き
- [ ] ほ乳びん
- [ ] ミルク
- [ ] おやつ
- [ ] 母子手帳

一番必要なのはこの4つ！
- パパのワクワクする気持ち
- 子どもの遊び心に応えるゆとり
- なんとかなるという心の余裕
- チャレンジ精神

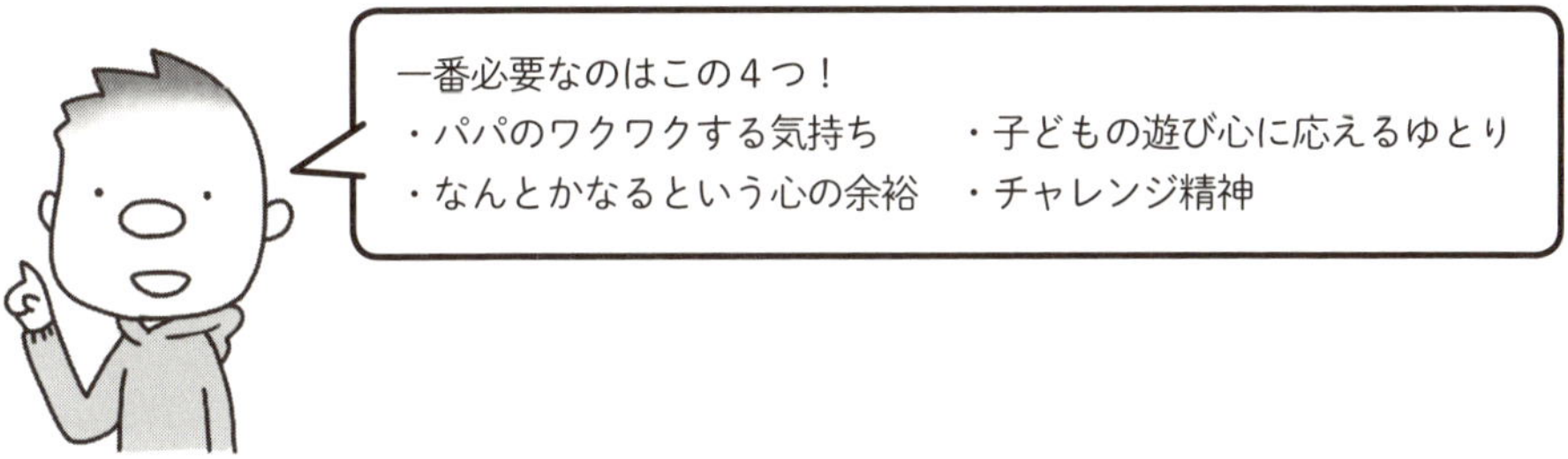

パパだってきちんと子どもの世話ができることを行動で証明し、子どもの信頼を勝ち取れば大丈夫です。子どもの信頼を得て自信がつけば、子どもとのお出かけ時間をいくらでも長くしていけるでしょう。そして食事やトイレの世話だけでなく、お風呂と寝かしつけの世話をできるようになれば、子どもと泊りがけのお出かけだって可能です。

ファザーリング・ジャパン関西では2017年夏に、「父子ツアーinシアトル」というパパと子どもの海外宿泊体験プログラムを企画しました。参加したパパたちも子どもたちも、ママのいない海外旅行に不安を感じていたかもしれませんが、ふたを開けてみると、とても充実したツアーになりました。お出かけの目的は、楽しむこと。出かけた先のアクシデントもワクワクしながら楽しみつつ、気楽にいきましょう！

育児 プチ名言 ～子育てって楽しい！編～

子育て中はあっという間に時間が過ぎますが、ふとしたときに楽しさに気づきます。

"子どもを通して（子ども時代の）追体験をしているんだよ"

夫から。幼稚園のお泊り会、子ども会の仮装大会など、子どもの活動を通してわくわくすることがたくさんある。

"今が一番いいときね"

子育てに奮闘していた時期に、近所の女性から言われた。忙しく、お金もかかる時期だが、充実した時間であることは確か。

PART 5

パパ遊び

「子どもとどう遊んでいいかわからない」という
遊びベタなパパもいるのでは？　特別な準備は必要ありません。
「パパ大好き！」を引き出す、パパ遊びのヒントを紹介します。

PART 5

1

子どもと楽しんで遊ぶコツ

子どもをひとりの人間として尊重しよう。

遊びが なぜ大切なの？

- 自律的に行動する力が育つ
- 他者との関係性を調整する力が育つ
- 社会と相互に関わる力が育つ

子どもは子どもの世界を生きている

まず、なぜ子どもにとって「遊ぶこと」が大切なのでしょうか。子どもが楽しそうに何かに「夢中」になっているとき、そこには一生懸命に「今」を生きている姿があります。つまり、**遊ぶことは人が主体的に生きるということなのです**。また、人は夢中になっているときに、学習効果も高まるといわれています。「遊ぶこと」は、よりよく生きることにつながるのです。

小さな子どもが、砂場でカップに砂をすくっては戻し、すくっては戻しを延々と繰り返す姿を見たことがありますか？

それまでは自分の手を使って砂とふれ合っていた子どもが、カップという道具の特性に気づき、カップで砂をすくうという方法を発見したのです。さらに、道具を使うことで、より効率的に砂をすくうことができることに気づいたのです。自分の発見を喜び、それを繰り返すことで、憧れのパパやママのように道具を操作できる自分になれたことを確認している姿です。

一見、大人には何をしているのか理解し難いかもしれませんが、子どもは夢中になって自分の世界を広げている最中です。自分で世界を広げるということは、パパが願う、子どもの自立の

遊びベタなパパが子どもと遊ぶコツ

子どもが見ている世界をよく観察

子どもたちは自分の身の回りからさまざまな刺激を受けて遊びます。その刺激が何なのかを観察すると、子どもが何を楽しんでいるのかがわかります。

まずはおもしろがってみよう!

子どもが楽しんでいることをパパも一緒にやってみましょう。そして子どもが笑顔になったとき一緒に笑ってみましょう。そうすれば子どもの世界が見えてきます。

選ぶのは子どもです

大人だって好きなことは自分で選びます。子どもだってそうです。自分で選んだものに向き合って遊びたいのです。子どもの選択を尊重しましょう。

自分が楽しめることに巻き込もう

パパが楽しそうにしている姿が刺激となって、子どもも興味をもつかもしれません。楽しさのプレゼンをするのも遊びを楽しむコツです!

パパが手と心を動かそう

子どもは大好きなパパをよく見ています。パパがたくさん手を動かせば、その手からは必ず何かが生まれます。パパ自身が手と心を動かしていることが子どもは嬉しいのです。

第一歩です。そんなときに**一緒に世界を共有してくれるパパは、子どもにとって最強の味方**となるでしょう。

「遊び」によって子どもの自己肯定感が育まれる

日本の子どもたちの自己肯定感は低く、世界平均を下回っています（内閣府「子ども・若者白書」）。「遊び」は、子どもたちの自己肯定感を高めるのにも役に立ちます。

子どもが、自らの興味や関心を広げて遊んでいる姿を見守ってあげましょう。パパが自分のありのままを認めてくれたと感じて、子どもは自己肯定感を高めていきます。

ありのままを受け止められた経験をもつ子どもは、ありのままの他者を受け止めることができるようになります。それぞれのありのままを相互に承認できること、それは社会性を育むための基礎となります。

PART 5

2

子どもが喜ぶ遊びのアイデア①おうち編

パパならではの遊び心を発揮。

パパのアイデアで子どもとおうち遊びを

子どもがはいはいしたり立ち上がって歩きだしたりすると、家の中のあらゆるものに関心をもつようになります。おうち遊びは、そんな子どもの好奇心や発育を伸ばしてあげる遊びがおすすめです。

ママは日々の家事・育児であわただしく、ゆっくり子どもと向き合う時間をとることが難しい場合もあります。そこでパパの出番です。日頃、子どもと一緒にいる時間が少ないパパも、挽回しようと気負いすぎなくて大丈夫。子どもの興味に寄り添いながらスキン

ペットボトル

ペットボトルを床に並べて、ボールを転がしてボーリング遊び。ボトルの中にビーズ、米や豆、どんぐりなどを入れてマラカスに。入れる物の大きさや素材を変えれば、音の違いを楽しめます。外側にマジックでお絵描きしたりシールを貼ったりして、自由にデコレーションしましょう。

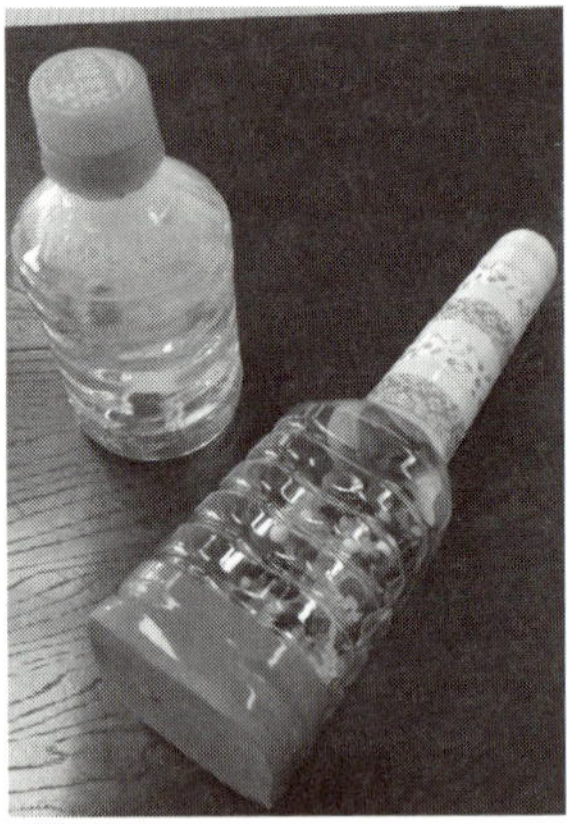

新聞紙

パパが広げた新聞紙を、子どもが空手チョップやパンチ、キックで元気よく破りましょう。ビリビリ細かく破って紙吹雪にしたり、さらに紙吹雪の山にして潜ったりする新聞プール。丸めてボールにしてパパが鬼になって的当て遊び。軽くて握りやすく、思いっきり投げても安全です。

家の中にある遊びのアイテム

ダンボール

ダンボールを使った秘密基地や乗り物づくりは盛り上がります。ダンボール面の広いキャンバスに思いっきり落書きしましょう。切ったり折ったり力仕事はパパにおまかせ。ダンボール箱に穴を開けて手足を出してロボットや鎧兜など、身に付けられる大型工作も楽しいです。

牛乳パック

中を洗って乾かして、工作の材料に。折り目に沿って切ったり、丈夫な材質を活かして厚紙として使ったり、中の白い部分にお絵描きもできます。

レジ袋・ビニール袋

袋をフワフワ飛ばしましょう。床に落ちないように手で打ち上げたり、息を吹きかけて飛ばしたりします。

空気を入れて膨らませ口をしばるとボールのようになります。空気の入れ方によって、投げ上げた袋の落ち方が変化します。
※窒息の危険があるので、子どもが被ってしまわないよう注意すること

シップしたり、家の中にあるもので工作をしたりしてコミュニケーションを楽しめばいいのです。

　パパが子どもと家で遊べるアイデアをもっていれば、天気が悪くてお出かけできないときも、毎日のすきま時間でも、子どもを退屈させず喜ばせることができます。お金をかける必要はありません。パパならではの遊び心とちょっとした想像力があればそれで十分。使い終わったペットボトルや、新聞などを使ってみましょう。身近なものがパパの手によって、世界でひとつだけのおもちゃに大変身。「パパってすごい、大好き！」となりますよ。

　パパが子どもと仲良く遊んでいれば、ママも家事がはかどります。ママ抜きで子どもと遊びながらお留守番をすることを目標に。そうなればママは安心して仕事や買い物に行けますし、美容院など自分の時間を楽しむこともできてママもハッピーです。

おうち遊びのアイデア

天気が悪く外出できないと、ママ・パパも、子どもも、退屈しがちです。そこで、年齢に合わせて、家の中で楽しく過ごせる遊びを紹介します。うっとうしい雨の日も、家族で笑って過ごせます。

体遊び

対象年齢
6カ月〜

体を使ったダイナミックな遊びはパパならではです。動物や乗り物のまねっこ、パパによじ登ってアスレチックなど、おうちの中に広い場所がなくてもできる遊びはたくさんあります。夢中になり過ぎて激しすぎる動きやけがには注意。とくに乳児期は揺さぶられっ子症候群に気をつけて。

【遊ぶときのポイント】
子どもの成長に合わせて無理せずできることを伸ばしてあげよう。

手作り小麦ねんど

対象年齢
1〜3歳

いろんなねんどがありますが、小麦ねんどが扱いやすくておすすめ。自宅で簡単に手作りできます。基本原料は小麦粉に水、少量の油、保存したいなら防腐剤として塩を少々。着色は食紅、カレー粉など色のある食材などを混ぜて。間違って口に入れてしまっても原料は食材なので安心です。

【遊ぶときのポイント】
色を混ぜたりこねたり感触を楽しんで。道具や型抜きを使っても。

※対象年齢は目安です。子どもの成長に合わせて楽しみましょう。

タオル遊び

対象年齢
1歳〜

タオルを落として素早くキャッチ、腰に挟んで尻尾の取り合い、大きなバスタオルに子どもを乗せてソリ遊びやハンモック遊び。タオルを巻いて変装するなど、タオルが一枚あればいろいろな遊びができます。入浴中はもちろん、準備中や風呂上がりにタオル遊びをするのもおすすめ。

【遊ぶときのポイント】
遊び用に古いタオルを。タオルの大きさで遊び方を工夫しましょう。

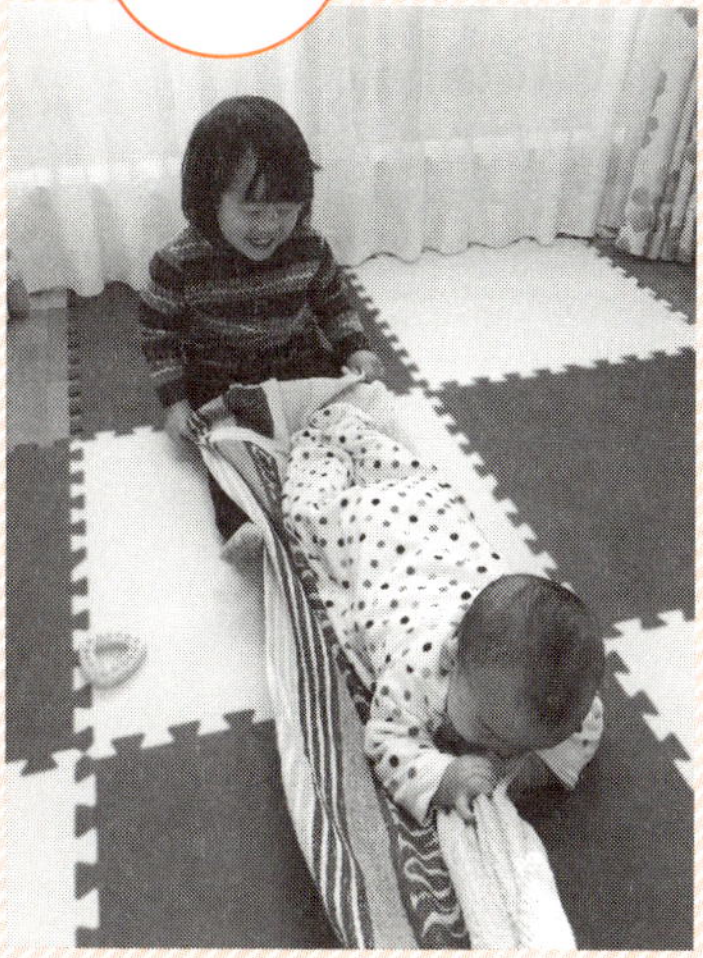

家事のお手伝いも遊び

遊びはお片付けまでがセット。パパと楽しく遊んでも散らかしっぱなしで、ママがあとでお片付けするのでは、パパの株も台なしです。お片付けのついでに掃除もして、遊ぶ前よりもキレイになっていると理想的です。

お手伝いを、遊びのひとつにしてみるのも一案です。時間を計ってお片付け競争をしたり、ポイントカードを作ってお手伝いできたらシールやスタンプをあげるなど、ゲーム感覚を取り入れると、子どものやる気もアップします。食後の食器のお片付け、洗濯物の仕分けや、たたんでしまったりと、毎日の生活の中で子どももできるお手伝いはたくさんあります。

お手伝いのあとはいっぱいほめて、感謝の気持ちを伝えましょう。家族の役に立つ経験は自尊心を育み、お手伝いを通して子どもは身の回りのことが自分でできるようになります。

家事が苦手なパパは、子どもと楽しみながら一緒にお手伝いを。父子でクッキングしたり、お風呂を一緒に洗って入ったりすれば、パパも家事スキルが上達しますよ。

PART 5

3

子どもが喜ぶ遊びのアイデア②屋外編

心と体の扉を開けて
外に出よう！

家の外はワンダーランド

「どこかに連れ出してあげなくちゃ」なんて身がまえる必要はありません。

大人にとって近所の風景は当たり前の景色かもしれませんが、子どもにとっては刺激にあふれたワンダーランドです。玄関から一歩外に出るだけで、家の中とはまったく違った、新しい世界が広がるのです。

0歳の赤ちゃんでも、家の中で見上げている手の届きそうな天井と、果てしなく遠くまで続く空の違いを全身で感じることができます。歩けるようになった子どもたちにとっては、自分の足で地面を踏みしめて歩くことが楽しみとなります。段差を何度も昇り降りしたり、凸凹道を目指して寄り道をしたり、自分の体を使っておもしろさを見つけ出します。

パパの好奇心を子どもが目覚めさせてくれる

大人にとってはただの地面の穴でも、子どもにとっては不思議な世界への入り口です。じーっと穴をのぞいたり、棒切れを突っ込んで穴を広げたり。そうかと思うと、小石を落としたり葉っぱを詰めたり、自分が手にできるものを総動員して「穴」の不思議を探ります。

大事なのは、子どもが感じている世界をパパも一緒に楽しむことです。

大人は、かつて自分が子どもだったときにもっていた好奇心を、少し忘れてしまっているのかもしれません。そんなパパの中に眠っている好奇心を子どもが刺激してくれていると思うと、家の外に出ることが楽しくなってきませんか。

外遊びのアイデア 0～1歳編

「外で遊ぶといっても、うちの子はまだ小さいから」と思っているパパ。歩けなくても、外に出るだけで子どもにとってはエンターテインメントです。難しく考えずにお出かけしましょう。

抱っこで歩こう

対象年齢
0歳

赤ちゃんにとってはパパと一緒に家の外に出ることだけでもエキサイティングな体験となります。せっかくなので、ベビーカーではなく抱っこで出かけましょう。子どもの視点をパパの高さに変えて歩くだけで、子どもにとっては新しい世界になります。パパにとっても見える世界が変わります。

【パパにアドバイス】
パパが見たこと感じたことを、言葉や表情で伝えてください。

手をつないで歩こう

対象年齢
1歳

子どもが歩けるようになったら、近所の散歩です。それも何度も何度も同じコースを。季節が変われば景色も変わり、それがまた子どもにとっても新鮮な出合いになります。手をつないで子どもが立ち止まる場所で一緒に座って、子どもの世界に寄り添ってみましょう。

【パパにアドバイス】
子どもが立ち止まったら、一緒に立ち止まって子どもの目線になろう！

外遊びのアイデア 2歳～編

歩けるようになったら遊びの幅もどんどん広がっていきます。子どもが興味・関心をもつ対象に、パパも注目してみて。パパが寄り添ってくれることで、子どもの興味も育っていきます。

肩車で探検しよう!

対象年齢
2歳

歩けるようになった子どもたちは、自分の視点でどんどん世界を広げています。そこで、次はパパの肩車で新しい世界を広げて見せてあげましょう。いつもと同じ場所が、パパの肩車で別の世界になります。肩車をすれば木の枝にだって手が届きます！　「パパってスゴイ」と思うはず！

【パパにアドバイス】
普段手が届かない場所を探してさわってみるのがポイント！

ダンゴムシを探せ

対象年齢
3歳

子どもに大人気のダンゴムシ。どんなところにいるのかな？　パパは事前に調べておいて、子どもが自分の手で見つけられるようにサポートしましょう。子どもの大発見をパパがプロデュース！
ダンゴムシは飼いやすい生き物でもあるので、ぜひ一緒に育ててみましょう。

【パパにアドバイス】
重い石やブロックなどを動かすときには、けがのないように注意しよう！

自転車で旅に出よう

対象年齢
4歳

自転車にチャイルドシートをつければ、パパと子どもの二人旅に出かけられます。持ち物は水筒とお弁当（これは途中で買ってもいいです）。

地図を持たずにのんびりと。迷子になっても、スマホがあればナビになってくれます。


【パパにアドバイス】

地図がないので、分かれ道でどっちに曲がるかは２人で決めます。

何でも育ててみよう

対象年齢
2～5歳

家の前で、ベランダで、野菜を育ててみましょう。子どもと一緒に野菜の苗を買ってきて、育て方を調べて、土を作って育てます。

自分で育てると人が育てているものにも、自分が食べているものにも関心をもつきっかけになります。散歩の途中で見えてくる世界が変わります。


【パパにアドバイス】

育つ様子をカメラで記録。目立たない成長に目が向くようになります。

PART 5

4

パパも絵本の読み聞かせをしよう

本の楽しみ方にルールなし!

絵本の 読み聞かせのコツ

- 自分も楽しんで読む
- 声に抑揚をつける
- ナンセンスな絵本もチョイスする
- 絵もじっくり楽しむ

絵本は心で楽しむエンターテインメント!

絵本は最後まで静かに聞きましょう、なんて概念は捨てて、絵本で遊んじゃいましょう。

絵本は教科書ではありません。子どもに何かを教えるツールである絵本ももちろんありますが、やはりそればかりではおもしろくありません。一字一句間違わずに読む、読んだあとにストーリーを質問するなどのルールを決めてしまうと、勉強的な感じがして子どもたちは身構えてしまいます。

絵本は子どもが目と耳と心で感じて楽しむもの、つまりエンターテインメントのひとつなのです。

ついつい情操教育のためにと絵本を手にとってしまいがちですが、純粋にパパ自身がおもしろそうだなと思った絵本を読んであげましょう。読んでいる大人が楽しそうに読んでいれば、読んでもらっている子どもにもその楽しさが伝わります。特に、あまりママが手にしなさそうな「うんち」や「おなら」が出てくるナンセンスな絵本は子どもたちも大好きです。

パパの声で読むと絵本の世界が変わる

絵本の種類は本当に膨大でなかなか選ぶのも難しいですが、やはり自分自

身で一読してみるというのが一番です。その点、図書館などは便利でしょう。司書の方におすすめの本を聞いてもいいでしょう。

　また、最初から最後まで通しで読む必要もありません。子どもが絵の中に何かを発見したら、そこでじっくり絵を楽しめばいいのです。「さっきも出てきた虫だ」なんて発見があったらページを戻ってもよいでしょう。いつでも**好きなときに好きなところから読めるのが、テレビにはないなによりの絵本の醍醐味**です。

　子どもが途中で飽きてしまっても無理に最後まで読む必要はありません。大人だって無理やり最後まで小説を読ませられたら嫌ですよね。それと同じです。また違う機会に途中から読めばいいのです。

　そして、やはり絵本の読み聞かせにおいてママにはないパパの魅力といえば、それは声でしょう。絵本は読む人によってまったく違う印象を与えます。怪物が出るようなシーンでは低く野太い声の方が、迫力が出るでしょう。

　読み聞かせをしている時間は、まさに子どもと一対一でコミュニケーションをとっている時間です。膝の上に子どもを乗せて、じっくりと物語の世界に浸るのは本当に楽しい時間です。

　ほらほら、絵本を読んであげるためにも仕事に切りをつけて早く帰りましょうね。

図書館にて
むかしむかし
あるところに……
絵本コーナー
スッ…
サッ
大熱
演!!
え!?
めでたし
めでたし
……って
ずらーーっ
もっと
もっと

パパにおすすめの絵本（0～2歳頃）

『ちいさいものみつけた』
作：冨田百秋（福音館書店）

身近にある小さなものを原寸大でたくさん描いた、図鑑のような絵本。食べ物から昆虫までさまざまなものが描かれています。

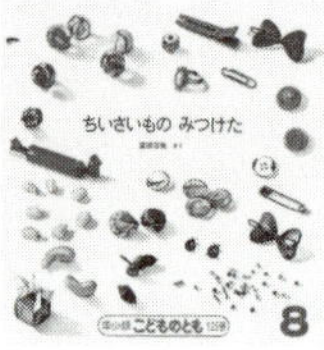

【読み聞かせポイント】
子どもと一緒に絵と本物を見比べてみよう。

『こりゃまてまて』
作：中脇初枝　絵：酒井駒子（福音館書店）

動くものを何でも追いかけてしまう女の子。最後はお父さんに肩車をされるのですが、その子の嬉しそうな顔といったら！

【読み聞かせポイント】
絵本を読み終わったあと、肩車をしてあげよう。

『だるまさんが』
作：かがくいひろし（ブロンズ新社）

だるまさんが左右に揺れながら、いろいろな動きをします。他にもシリーズで『だるまさんの』『だるまさんと』があります。

【読み聞かせポイント】
だるまさんの動きに合わせて体を動かそう。

『くっついた』
作：三浦太郎（こぐま社）

さまざまな動物が出てきて、ページをめくると「くっついた！」。子どもとお父さんとお母さんもページをめくると……！

【読み聞かせポイント】
家族で読んで、最後はみんなでくっついちゃえ！

乳児には五感で楽しめる絵本を選ぼう

どんな絵本を選んでいいのかわからないというパパのために、おすすめの絵本を厳選してみました（上図参照）。

多くの本屋さんでは年齢に応じて絵本を配架しているので、それを参考にして選ぶのも一案です。

０～２歳の子どもは絵本の内容というよりは、絵本の色彩、読む人の声、絵本の手ざわり、におい、そしてときにはなめた味、とまさに五感で絵本を楽しんでいます。

そのため、この年齢の子どもに読んであげる絵本は、破ったり紙で指を切ったりしにくい紙質の絵本を選びましょう。

幼児に読み聞かせる絵本はストーリーも考慮して

３歳を過ぎると、本の内容を理解す

パパにおすすめの絵本（3歳頃〜）

『ブラッキンダー』

作：スズキコージ（イースト・プレス）

インクから生まれたブラッキンと、サボテンのテンダーの大冒険のストーリー絵本。先読みできない展開にワクワクします。

【読み聞かせポイント】
元気よく「ブラッキンダー！」と言って応援しよう。

『まるまるまるのほん』

作：エルヴェ・テュレ　訳：谷川俊太郎（ポプラ社）

「まる」しか出てこない絵本ですが、読み手の動きに合わせて「まる」が色を変えたり動いたりするという不思議な絵本。

【読み聞かせポイント】
ページをめくったら子どもと一緒に驚こう。

『うんちっち』

作：ステファニー・ブレイク　訳：ふしみみさを（あすなろ書房）

たったひとつの言葉しか言えないうさぎの子ども。その言葉とは「うんちっち」。言葉を覚えた子どもなら爆笑必至です。

【読み聞かせポイント】
思いっきりふざけた顔で「うんちっち」と言おう！

『パパ、おばけがいるよ。』

作：ヒド・ファン・ヘネヒテン　訳：野坂悦子（フレーベル館）

ペンギンの子ヨアヒムは、おばけがいるんじゃないかと不安で寝つけません。そんなヨアヒムを助けてくれるのは、いつもパパ。

【読み聞かせポイント】
残業せずに帰ってあげたくなる絵本！

るようになります。お話をきいて、悲しそうな顔をしたり、怖がったり、笑ったりするようになります。そうすると絵本の選択の幅がぐっと広くなります。クイズ形式のもの、ストーリーがあるもの、仕掛けがあるものとさまざまです。偏りなくいろいろなジャンルのものを選んでみましょう。

　また絵本に限らず、写真や絵が多いものであれば、どんな本でも子どもは楽しめます。中でも、図鑑などは子どもが好きな本のひとつです。初めは絵だけを見ていたのが、文字を覚えるにつれて関心のある部分を自分で読むようになります。子どもが自らの興味のおもむくままに一人で読むことができます。

　絵本は、子どもが自由に手にすることのできるところに置いておくとよいでしょう。好きなときに見られるようにしておくことで、絵本への関心も深まっていくはずです。

育児 プチ名言 ～子ども編～

子育てには大変なことも多いけれど、かわいい一言で疲れも吹き飛びます。

”抱っこしてー、抱っこだよー
だって子どもなんだからー“

リビングから寝室へ移動するだけなのに、抱っこを要求してくる娘。「歩けるでしょ」と言うと「子どもだから」ときっぱり。

”かにさされて、
ちがでた！“

「蚊に刺されて（かきすぎて）血が出て」いる娘の腕を、ここどうしたの？と聞いてみたら。子どもは一字の言葉が言いにくく、重なってしまうそう。

”だいしゅきだよ“

3歳の娘から。夜中に、ふと目が覚めて目が合ったときに言われた。

PART 6

パパと仕事の両立テクニック

家庭はもちろん大切、でもキャリアアップもしたい！
パパのワークライフバランスについて考え
「家庭でも職場でも笑っているパパ」を目指しましょう。

PART 6

1

パパのワークライフバランス

自分と家族と職場のハッピーバランスを！

ワークライフバランスは「自分だけ」で考えない

多くのパパが「仕事が片付いて時間が余ったら、家庭の時間にあてる。それでOK」と考えているかもしれませんが、それは幻想です。

毎日、重要な仕事もそうでない仕事もたくさん押し寄せるので、受け身でいる限り時間は絶対に余りません。**ワークライフバランスは自ら勝ち取っていくもの**です。残業前提の職場であっても、その日に帰る時間を決めるのは自分だという決意と覚悟で、自分の時間を奪取しましょう。

パパのワークライフバランスで気をつけたいのは、自分のワークとライフのバランスだけを考えないことです。自分の周りに目を向けましょう。

ひとつは、家族のワークライフバランスです。「ママのワークライフバランス」と「子どものニーズ」を把握し、そのために自分ができることを試行錯誤しましょう。

職場の同僚や部下にも目を向けましょう。自分だけではなく職場全体が、定時退社や、育休・有休を取得しやすくするために自分ができることを考えましょう。**自分だけのワークライフバランスを実現しようとすると、どこかにしわ寄せがいき長続きしません。**

魔法はない！小さな積み重ねが鍵

ワークライフバランス実現のヒントとして、内閣府が提案している「仕事の進め方10の実践」があります。その内容とは、①会議のムダ取り、②社内資料の削減、③書類の整理整頓、④標準化・マニュアル化、⑤労働時間の適切管理、⑥業務分担の適正化、⑦担当以外の業務を知る、⑧スケジュール共有化、⑨がんばるタイムの設定、⑩仕事の効率化策の共有、です。

実際、ワークライフバランスが実現できている職場のほとんどが、この10の実践の組み合わせを行っています。

（続きは144ページ）

ワークライフバランスは「寄せ鍋」で

ワークライフバランスの「バランス」という言葉が悪いのか、ワークが上がればライフが下がる、天秤のような図を思い浮かべる人がいます。そうではなく「寄せ鍋」で考えてみましょう。鍋に「仕事」という具材だけ入れても仕事の味しかしません。そこにパートナーシップ、子育て、家庭、地域活動、趣味など違う具材を入れてみる。楽しそうにしていると「お前の鍋うまそうだな」と人が寄ってきて別の具材を入れてくれるかもしれません。

パパの一日のタイムスケジュール例

5:30	起床。自分の支度 or 自分の時間
6:30	朝食づくり
7:00	子どもを起こす→朝ごはん→着替える→保育園準備（着替え、コップ、スプーンなど）
8:00	ママ出勤。パパは保育園へ送迎後、出勤
18:00	ママ帰宅、夕食準備
19:00	パパ保育園迎え後、帰宅。洗濯物を取り込み、仕分け。お風呂掃除
19:30	夕食後、団らん。食器を水につける（30分）、食器洗い
20:30	お風呂に入ったあと、洗濯機を回す。ベッドメイキング
21:00	子どもの歯磨き、寝かしつけ
22:00	就寝

相手を変えるのではなく自分が変わる

でも、いざ進めようと「10の実践」をあらためて見ていくと、一人でできることはほとんどありません。例えば「会議のムダ取り」と言っても、会議は一人でやるわけではないので、ムダ取りするには関係者との調整が必要でしょう。このように、ワークライフバランスを実現するにはたくさんの人を巻き込んで行動していかなければいけません。賛同者を増やしながら、根気よく取り組みましょう。

一方、自分だけですぐに取り組めることもあります。

まず、自分の**基本アクション変革**です。日々、習慣化してしまっている自分の意識や言動を見直し、よい方向に変えていきましょう。「時間が足りなければ残業すればいい」という意識から「設定されている締め切りより早め

パパの働き方改革のコツ

【自分の基本アクションを変える】

「スケジュール・ブロック」

例えば、子どもと水曜の夜に絵本を読む約束をした翌日、クライアントから水曜夜の予定を聞かれた場合、どうしますか？　仕事も家庭も大切なら、こう答えましょう。「水曜夜は先約があります。他の候補日はいかがでしょうか？」。どちらも重要なら先着順、次に交渉が基本です。予定の埋まり方にはクセが出ます。見直しましょう。

「朝活のススメ」

起床後の数時間は脳の作業効率が高まると言われています。午前中は論理的で集中力を必要とする仕事、午後は打ち合わせやクリエイティブな仕事が効果的。プライベートの時間を確保するなら、寝る前２時間より、早起き１時間がいいでしょう。一日24時間はみんな一緒ですが、脳の特性を活かせば１時間の密度は高まるのです。

【相手へのアプローチ法を変える】

「タイムマネジメントの本質」

タイムマネジメントとは、仕事を管理するということです。新たな仕事を受ける前に、すでに抱えている仕事、人にお願いしている仕事を確認しましょう。新しい仕事の目的や背景、期限、品質基準を確認し、残されたリソースと全仕事の優先順位を再検討します。くれぐれも条件が曖昧なままで安請け合いしないように。

「ボスコントロール」

職場では上司対策が鍵。まず上司の言動を２週間、徹底的に研究しましょう。コミュニケーションの取り方も、メールが好きな人、直接会わないとダメな人、事前・中間報告を求めてくる人、事後報告だけで済む人、様々です。それが把握できれば、上司の好みに合わせて先手で行動。上司はコントロールできるのです。

に提出する」へ、「出社ギリギリまで寝る」という習慣から「1時間早く起きて自分の時間を確保する」へ。一つ一つは小さい変革でも、継続していけば大きな変革になります。

次に、**相手へのアプローチ変革**です。自分以外の相手を変えることはできません。でも相手へのアプローチの仕方は、自分から変えることができます。上司にコントロールされるのではなく、上司を徹底的に研究し、上司の好みに合わせた仕事の進め方に変えてみるのもひとつの方法です。また、ただ「忙しい!」とアピールをするのではなく、ママや職場メンバーに対する言葉がけや気遣いを増やしてみる、などアプローチの仕方を変えると、相手も変わるかもしれません。

家庭でも職場でも、こうした信頼とコミュニケーションの蓄積があなたのワークライフバランスを実現する最大の切り札となっていくでしょう。

COLUMN

パパの働き方変革が家族みんなの成長を実現

長男が生まれたとき、2週間の有給休暇を取って妻と二人で育児をしました。しかし、そのあまりの過酷さに、妻一人で育児は大変すぎると判断。私は1カ月間の育休を取得しました。次男が生まれたときは、長男の経験を活かして産前産後1カ月ずつ休暇を取得。その後も管理職の立場から、早い時間の退社を目指した職場運営を推進していきました。

そうして働き方を変えて育児に関わった結果、負担が減った妻は派遣社員としてフルタイムで働くことになりました。三男を出産後も、妻はすぐ職場に復帰し、代わりに私が8カ月の育休取得。その後、妻は正社員へ。家族みんなで成長していけるのは楽しいことです。

つかごしまなぶさん

42歳・人事系コンサルタント
長男9歳・次男6歳・三男3歳

COLUMN

育休復帰後も積極的に働き方改革実践中!

長時間労働が当たり前の日々の中で「男は仕事・女は家庭」という価値観に違和感を持ちました。何よりも子育てを楽しみたくて、長男の誕生時に約1年間の育休取得を決意。次男のときも妻と交代して育休を取得しました。

復職後も育児に関わるため、下記のような働き方改革を行いました。

・やらないことを決め、やるべきことは優先順位をつける
・終わりの時間を決める
・できる人に仕事をお願いする
・会議は、短く、参加者を絞る
・メールは簡潔要件のみ、資料は基本手書き

この取り組みを実践した結果、現在の定時帰宅率は95%! 参考にしてみてください。

橘信吾さん

38歳・IT企業
長男6歳・次男3歳

PART 6

2

育児にまつわる制度

制度を勉強して
有意義に
活用しよう!

男性でも取得できる育児にまつわる制度

産前産後休業以外の育児にまつわる休暇や制度は、すべてパパでも取得することができます。企業側も正当な理由なく取得を拒むことはできません。

男性は収入が減ることに不安を感じて育児休業の取得をためらうケースがありますが、育児休業中は社会保険料が免除される上に、6カ月間は賃金の約67%（6カ月経過後は50%）が育児休業給付金として支給されるため、実際の手取りはあまり減りません。

育児休業給付金の67%が受給できる期間は夫婦それぞれでカウントされるため、ママがまず6カ月取得し、その後パパが6カ月取得した場合は、ママもパパも67%が支給されることになります。単純に受給できる給付金額だけを考えると、夫婦で取得した方が得になります。

残業（所定外労働）の免除制度はあまり知られていませんが、男性でも比較的利用しやすい制度です。時短勤務（短時間勤務制度）は賃金も比例して引き下げられることが通例です。夫婦で定時に帰ることができれば、短時間勤務制度を利用せず両立ができるかもしれません。

勤務先の制度を自身で調べることが大事です。

気持ちよく取得するためには周りへの配慮も必要

育児休業などの制度を利用したことを理由に、解雇や賃金の引き下げなどの不利益な扱いをすることは法律で禁止されています。もしそのような扱いを受けてしまった場合は、厚生労働省の出先機関である都道府県労働局に相談しましょう。事業主に指導を行うほか、調停という制度もあります。

しかし、制度を利用する際は職場の協力が不可欠です。上司や同僚などに事前にきちんと相談して、みんなが応援してくれるような立ち回りも必要でしょう。

妊娠・出産・育児にまつわる制度と利用期間

※2017年12月時点

① 産前休業：ママ

出産予定日の前42日間（多胎妊娠の場合は98日）休める。社会保険に加入していればその間保険料は免除。賃金の支払いがない場合は出産手当金が支給される。

② 産後休業：ママ

出産日の翌日から56日間休める。42日間は必ず休む。42日経過後56日までは医師の許可を得れば勤務も可能。社会保険に加入していればその間保険料は免除。賃金の支払いがない場合は出産手当金が支給される。

③ 育児休業：パパ・ママ

子どもが1歳になるまで休業できる。保育園に入れないなどの理由がある場合は、1歳6カ月まで延長でき、それでも保育園に入れないなどの場合は2歳まで延長できる。夫婦で取得する場合は、1歳2カ月まで取得可能。社会保険に加入していればその間保険料は免除。賃金の支払いがない場合は育児休業給付金が支給される。

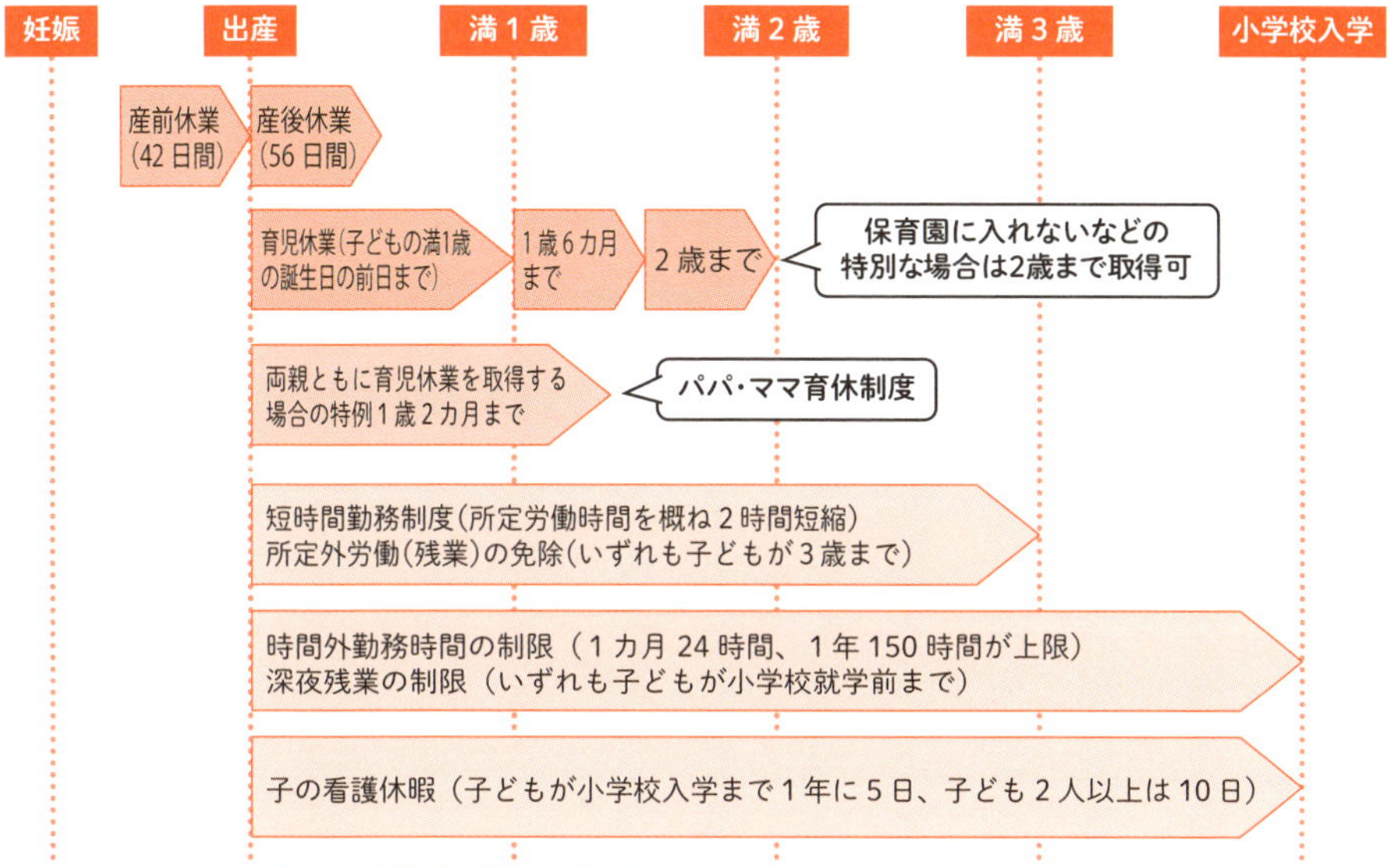

事業主は、妊娠した労働者に個別に育児休業等の制度を周知する努力義務・
小学校就学前の子どもを養育する労働者に対して育児目的（休暇）を制度化する努力義務がある。

※上記の他、深夜残業の制限などの制度もある

④ 短時間勤務制度：パパ・ママ

子どもが3歳になるまで所定労働時間を1日あたり約2時間短縮できる。短縮時間分は比例して賃金も引き下げられるケースが多い。

⑤ 所定外労働の免除：パパ・ママ

子どもが3歳になるまで所定外労働（いわゆる残業）を拒否できる。ただし、事業の正常な運営を妨げる場合は除く。

⑥ 看護休暇：パパ・ママ

小学校就学前の子どものけがや病気に対応する場合に休める。子どもが一人の場合は年間5日間、二人以上の場合は年間10日間の取得が認められる。有給か無給かは企業が決める。

PART 6 3

夫婦で考える育休戦略

パパの育休取得で
両立の基盤を
作ろう！

ママの育休中に「ママ中心型分業体制」が完成

厚生労働省の調査によると、2017年度の育休取得率は、女性が83%、男性が5%と女性の取得率が圧倒的に高くなっています。取得期間も、女性の65%が10カ月以上取得しているのに対し、男性は半数以上が5日未満と、男女間で大きな違いが見られます。つまり、「出産後家庭にいるのは妻」というのが圧倒的多数なのです。

共働きであっても、子どものケアは育休を取得したママが主に担当し、パパは仕事優先で、「育児はお手伝い程度」という構図が少し前の日本の状況といえます。

お手伝い程度という認識では、ママの職場復帰直前に慌てて夫婦協業体制を作ろうとしても、ときすでに遅し。ママの育休中に「ママ中心型分業体制」が構築され、ママのやり方や基準で家庭は回っていて、パパが学ぼうと思ってもなかなか上手くいきません。

パパの育休取得は夫婦協業体制のポイント

パパが育休を取得した場合はどうでしょうか。パパが育休を取得した夫婦へのインタビューによると、ママから「細かいところにまで目が届くようになった」「安心して任せられる」「本当の意味でパートナーになれた」「チームみたい」などの声が聞かれます。

また、このインタビュー調査では、パパの育休取得は産後のママをサポートできるだけでなく、育休後のママの就労継続、社会復帰、キャリアアップとも関係していることが明らかとなっています。「家族形成の最初に一緒に過ごせたことが、夫だけではなく自分にとってもメリットだった」という声もあるように、**パパの育休取得は夫婦協業体制構築の礎**となっているのです。

育休は最高の職場外研修

インタビュー調査によると、パパ自

（続きは150ページ）

育休を取得したパパに聞いてみよう

出典：FJ パパ育休ファイル

Q　育休を取得したきっかけは？

育児も仕事も楽しむという生き方に興味があり、共働きで子育てするために育休を取得した。育休を取得した経験がある先輩パパの「取得しても後悔することはない」という言葉に背中を押された。

産褥期のママの大変さを知り、彼女をサポートするために、出産直後から１カ月間取得した。出産予定日が長女の幼稚園の夏休みと重なったこと、実家のヘルプが期待できないという背景も大きな理由だった。

Q　育休取得前、どんな準備をしましたか？

安定期に入ってから、上司と同僚の理解促進と業務引継ぎを行った。妻が不在でも子どもと一日過ごせるか不安だったが、先輩育休パパの「１カ月もあればパパも子どもも慣れる」とのアドバイスで子どもと向き合う覚悟をした。

仕事の進捗状況をリスト化し、社内外で共有した。取引先にも説明し理解してもらったうえで、前倒しにできる仕事は前倒しに、難しければ後ろ倒しに。早めに動いたので、大きな混乱やトラブルはなかった。

Q　育休中はどんな生活でしたか？

育児・家事の全般を担当。自由になる時間は少なく、単調な一日があっという間に過ぎる。育休中の私が風邪で寝込むと妻が休まざるをえなかったので、病気のときも考えて育児・家事の手を多く確保しておく必要性を感じた。

授乳以外の全ての家事を担当。特に困ったことはなかったが、大変なのは大変だった。とりわけ料理は、根菜を使うようにしたり、調味料を控えめにしたりと、レシピ本を片手に日々頭を悩ませていた。

Q　育休取得後、働き方や夫婦関係に変化はありましたか？

仕事と距離をおいたことで純粋に仕事を楽しめるようになった。私の仕事中に一人で育児・家事をこなす妻のためにも「残業なしで成果を出す」ことを常に考えている。育児・家事ネタを中心に夫婦の会話が増え、夫婦仲がよくなったと感じている。

産後の妻に授乳以外の負担をかけたくなくて育休を取得したが、妻はスムーズに回復できたのではないかと思う。

私自身も働くうえでメリハリを意識するようになった。職場でも育休パパとして肯定的に認知されている。

身も育休の取得により仕事上のスキルに変化を感じています。育休取得前は「実行して起こった問題に対処する」というスタイルだったのが、育休取得後は「段取り、設計、組み立て、計画」の重要性に気づくことができ、その結果、仕事のやり方の改善につながっているという声もあります。

　また、育休中に「育児の大変さ」を痛感した男性は、その経験がママへの配慮にもつながり、**定時退社をするために時間に対してシビアになった**と話しています。時間への意識が生産性の向上につながり、それが結果的に業績アップにもつながったという声も聞かれます。このように、パパの育休取得は、家族みんなにプラスになるのです。

いつから？　どのくらい取る？ 夫婦の育休戦略

　夫婦で育休を取得する場合、いくつかのタイプが考えられます。どのタイプで取得するのが一番よいかを夫婦で綿密に検討することで、育児休業制度を最大限に活用することができ、職場への影響を最小限に抑えることができます。

　まず、**大きな鍵となるのは出産予定日です**。予定日がパパの仕事の繁忙期と重なる、盆や正月で実家からの援助が難しい、上の子の夏休みと重なるなど、産後のサポートの必要性によって育休取得の有無を決定します。

　ママが早めの復帰を望んでいる場合や、保育園の入園を夫婦二人で乗り切りたい場合は、ママの復帰時期に合わせてパパが育休を取得した方がよい場合もあります。

　家庭の事情だけではなく、職場の都合に合わせて取得のタイミングを決められるのも、パパ育休の特徴です。職場への影響を最小限に抑えるために、繁忙期や異動時期を考慮して取得の時期を決める人もいるようです。

　このように、家庭や職場のニーズに合わせて時期と期間を決めることが育休戦略のポイントです。

スムーズな育休取得のコツ

　職場との調整は2、3カ月かけて行う人が多いようです。

　まずは上司と相談し、その後、自分の仕事の棚卸しをします。役割分担とスケジュールを作成後、引き継ぎを行います。代替要員が確保できる場合は代わりの人に、確保できない場合は同僚に引き継ぎます。

　部下の育成の機会として育休中の仕事を部下に任せる人もいます。また、取引先との調整を行い、周囲に負担がかからないような配慮も必要です。

　育休前に業務を前倒ししたり、仕事のピークを育休前に調整したりすることで、**育休中の業務量を減らして周囲の負担を軽減する**人もいます。

育休取得タイプ

出典：FJ ホームページ

バトンタッチ型

妻の復帰と入れ替わりで夫が育休を取得

引き継ぎ型

妻の復帰前に夫が育休を開始し、
一定期間の引き継ぎ期間を設ける

産後サポート型

妻の産休期間内に夫も育休を取得し、
妻の復帰前に夫が復帰する

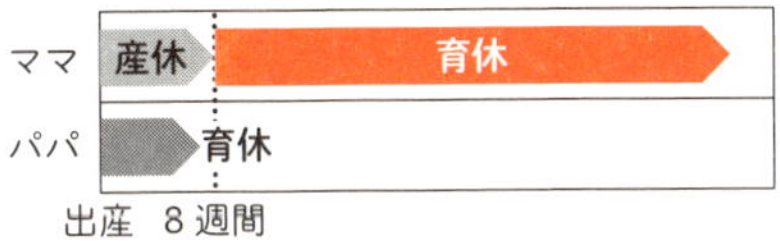

産後サポート併用型

出産後 8 週間以内に取得したあと、
子どもが 1 歳になる前に再度取得

期間内取得型

妻の育休期間内に夫も育休を取得
妻と一緒に育児をサポートできる

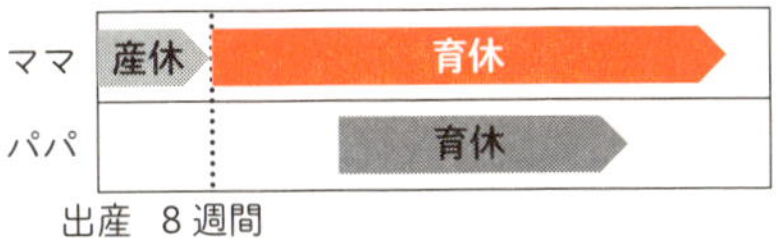

妻サポート型

妻が無職の場合や、雇用の関係で妻が
育休を取得できない場合に夫のみ取得

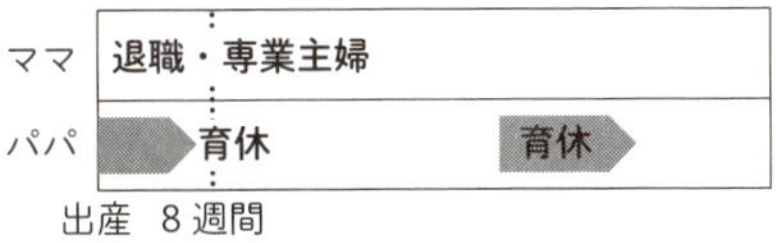

PART 6 4

パパの職場での立ち回り方

感謝を言葉で伝えるのが最大の秘訣！

同じ職場のママたちを味方につけよう

「イクメンなんてあり得ないよ！」と面と向かって言われる社会ではなくなりつつあるけれど、実際に会社や組織で「私、イクメンなのでお先に失礼します！」と定時退社できるパパが多いとは思えません。

むしろほとんどのパパが「早く帰りたいけれど、どうやればいいのか？」と日々悩んでいるのだと思います。でも考えてみると、ワーキングマザーの女性は数多くいて、みなさん懸命に仕事をこなし、子どものために定時退社をし、多くの成果を出しています。

実は、**一番パパの状況を理解してくれるのは、同じ職場で働くママたちです。**自分の職場のママたちがどのように成果を出しているのかを観察してみてください。先輩ママから学び、よき相談相手になってもらいましょう。

「ありがとうございます」の一言が大事！

上司や同僚に「感謝を口に出して伝える」ことは、シンプルだけれどとても大切なことです。

「早く帰ってしまい申し訳ありません」から「みなさんのおかげで保育園のお迎えに行くことができます。ありがとうございます」のように、ネガティブワードをポジティブワードに変えていくところから始めてみませんか？　だって、結果的にお迎えに行かなければならないのですから、謝るよりも感謝をしてその場を去る方がお互い気持ちがすっきりします。

「ありがとう」と言われて嫌な人はいません。ぜひ、発話をポジティブに変換しましょう。

その日のゴールを明確にして働こう

「残業はしません」「夜の会議はナンセンス」など、自分の主張や組織の批判ばかりをしていては、その瞬間はよくても、徐々に社内で居心地が悪く

職場で肩身がせまくならないコミュニケーション術

求められる成果を明確に

仕事には、手順を重視するものと結果を重視するものがあります。

言われた通りに動くだけではなく、「求められている成果」が何なのかをはっきりさせて仕事をすると、効率的な働き方になるはずです。

休むコツを心得る

休む場合にもコツがあります。それは「連休前に休むこと」。連休明けの日に有休みをくっつける人もいますが、連休明けのスタート日には全員リフレッシュしているので、誰が先週休んだかなんて忘れているのです。

保育園からの電話は会社に設定

最近はスマホがあるので、保育園から直接パパに電話がかかってくることが普通かもしれませんが、その電話をあえて会社にかけてもらいましょう。自ら説明する前に「お子さんの体調不良だな」と周囲が気づいてくれます。

上司や仲間に子どもを紹介

上司も一人の人間。顔を知っている人とそうでない人では対応が違うのは当たり前。社内行事などを利用して、自分の家族を職場の上司や仲間に紹介しましょう。「〇〇ちゃんが熱なら仕方ないな」と上司が言い出したら作戦成功です。

なってしまう場合もあります。長時間労働をせず、会社で必要とされる存在になるためにはどうすればよいのでしょうか。

そのためには、**日々の仕事のゴールを共有する姿勢**が大切です。朝礼がある会社であれば、その日一日のタスクを上司や同僚、チームメンバーに伝え、タスク達成に向けて仕事をし、終礼時にそれをフィードバックします。

周囲から「あいつ早く帰るよな」と思われるのではなく、「やることが終わったから帰っている」と周囲に理解してもらう努力も必要です。そうすることで、午前中にタスクを受け取ってその日のうちに応える、などの迅速な対応も可能になるはずです。

子育て中のパパの働き方とコミュニケーションの取り方が、結果的に社内の風土を変え、パパ・ママだけではなく、誰にとっても働きやすい環境になっていくのです。

仕事と育児両立してキャリアアップするコツ

1. ママ感覚を身につけよう
2. コミュニケーション力を高めよう
3. 時代の動きを感じよう
4. 視野を広げよう
5. 子どもの目線に立ってみよう

COLUMN

仕事も家庭も充実させる方法を模索

イクメンという言葉が流行する前、男性社員で初めて育休を取得したときの社内の反応はとても大きなものでした。もちろん大半がネガティブなもの。しかし、男性も女性も共に働き、共に育てる時代が必ず来ると、夫婦で相談をして決めました。子育てをしながら仕事の成果を出し、夫婦のキャリアを模索し続けました。

今は会社経営をしており、子どもと過ごす時間がたっぷりある環境にいますが、そのときの経験があってこその今だと感じています。

子育ては期間限定です。キャリアの捉え方を大きくして仕事も家庭も充実させた方が、より笑顔になれるのではないでしょうか。

徳倉康之さん
38歳・
会社経営者
長男8歳・
次男6歳・
長女4歳

育児とのシナジーで仕事力UP!

「そうは言っても、キャリアアップや昇進を考えると、育児に比重を置くのは尻込みしてしまう」と考えるパパもいるかもしれません。

今の時代は、会社のあり方や働き方の形態が移り変わる途中、まさに過渡期に突入しているように感じます。長時間働く人が出世するのではなく、既存のものを組み合わせて、新しい価値を提供できる人が求められています。

そう考えれば、子育ての期間も新しい価値を発見する大チャンスです。家事・育児が自分の仕事と全く畑違いであっても、子どもを通じて見えてくることがたくさんあるはずです。むしろそのような**実生活を通じて、本業の仕事とシナジーを起こしていこう**と考えられるパパが、結果的にキャリアアップしていくのではないでしょうか。

ママ目線、子ども目線は仕事にも活かせる

パパが育児を積極的に行おうとすればするほど、パートナーや周囲の人、そして何より子どもとのコミュニケーションが必要になってきます。小さな子どもとコミュニケーションが取れるようになったあなたは、きっと周囲の大人とは今まで以上に意思疎通が図りやすいと感じるはずです。

そしてママの目線を持つことにより、仕事を早く切り上げて家事を行うことの大変さを知るでしょう。この視点も、将来の夫婦生活にとって大事なポイントになります。

子どもの世界や環境を通じて今の時代を見ていくことも大切です。自分の子ども時代との比較からスタートして、社会がどのように変化してきているのか、何を受け入れ、何が変わってきたのかを知ることは仕事にも活かせるはずです。

また、子どもを通じて地域活動を行うことで、普段は関わりのない様々な年代の人たちとの交流が生まれることでしょう。ある種の異業種交流です。さまざまな人たちとの会話を通して、仕事にも役立つヒントを得ることもあるかもしれません。このように、子育てを通じてのキャリアアップは、気づかないだけで、ヒントもチャンスもたくさん眠っているのです。

相手の視点に立って

PART 6

5

イクボスになろう

職場全体のワークライフバランスを進めよう。

「イクメン」から「イクボス」へ

多様な働き方が認められたり、ワークライフバランスが実現したりするためには、上司や経営者自身が、それを理解し推進してほしいものです。このような上司や経営者を「イクボス」といいます。イクボスを定義すると次のようになります。

①部下の私生活やキャリアを応援する
②自らもワークライフバランスを満喫する
③なおかつ組織成果に責任感を持つ

イクボスの定義と左表の「イクボス10カ条」は、ファザーリング・ジャパン理事で、「元祖イクボス」である川島高之氏によって定められたものです。働き方や時間に制約のある部下を差別しないことや、転勤や単身赴任など私生活に影響を及ぼす人事では最大限配慮することなど、「イクボス」になるための心得を盛り込んでいます。

組織にイクボスがいることで、次の3つの効果が得られます。

1．部下と上司の個人能力が向上

仕事関係以外の人々と接し、さまざまな経験をすることで、視野や人脈が広がり、柔軟性やコミュニケーション能力が高まり、効率的で段どり上手になります。

2．組織力が高まる

優秀な社員が集まりやすくなり、イノベーティブな組織になります。

3．リスクが軽減

部下のメンタル不全や労災リスク、「ブラック企業」と呼ばれるリスク、事故が発生するリスク、離職率が上がるリスクなどが軽減します。

このように、ワークライフバランスの実現は、福利厚生の一環ではなく、組織にとって利益につながる施策でもあるのです。

このようなイクボスの〝精神〟を自分自身が取り入れ、上司や同僚を応援して、職場全体のワークライフバランスを進めていきましょう。

イクボス10カ条

1．理解	部下の生活環境や家庭事情などを理解し、可能な限り配慮をし、部下の人生そのものを応援する
2．多様性	仕事をする上での「制約条件」、考え方や価値観の「違い」などを受け入れ、多様な人材を活かす
3．知識	育休などの社内制度や労基法などの法律を、必要最小限知っている
4．浸透	私生活充実の大切さと、権利主張の前に職責を果たそうという意識を、組織全体に浸透させる
5．配慮	転勤や単身赴任など部下の私生活に大きく影響を及ぼす人事について、最大限の配慮をする
6．業務	休暇や時短の社員が出ても、成果を出し続けるために、情報共有、チームワーク醸成、IT 化などに注力する
7．時間捻出	会議・書類・メールの削減、やらないことを決める、迅速な意思決定などで、時間を捻出する
8．育成	部下をコントロールするのではなく、個別指導しながら「裁量権」を渡し、成長をサポートする
9．率先垂範	ボス自ら、休暇取得や早帰りを実施し Work のみならず、Life や Social を満喫する
10．業績責任	組織の長として、職責にコミットし、計画や目標達成に強くこだわっている

COLUMN

ワークライフバランスを経営戦略の一環に

私は、大手商社で管理職を務め、その後、上場企業で経営者として長年務めました。その間、妻とともに長男を育ててきました。その間心がけてきたことをまとめたものが「イクボス10カ条」です。

私は、経営者として、ワークライフバランスを、福利厚生ではなく経営戦略の一環として考えてきました。仕事と私生活の両立が可能な職場をつくることで、社員のパフォーマンスがよくなり、優秀な人材も集まるからです。

おかげでその会社では、３年間で利益は８割増、残業は１／４に、社員満足度は過去最高を更新という「三方良し」でした。

川島高之さん
57歳
FJ理事
長男20歳

PART 6

6

疲れたときのパパのストレス発散法

ストレスからの解放は家族仲よしが一番！

現代のパパはストレスいっぱい？

「パパも子育て・家事をやって当たり前」と、仕事と育児の両立を期待されている現代のパパ。慣れない育児に奮闘し、自分でも気づかないうちにストレスをためこんでいるかもしれません。料理を作って家族に食べてもらったけれど、「おいしい」と言ってもらえないとか、子どもと遊ぼうと思ったけれど断られたとか、子育てをしていると、些細なことで自信をなくしがちです。そうした経験により、家事や育児をするのが嫌になってしまうパパも少なくありません。仕事を言い訳にして帰宅時間が遅くなり、そのうち、子育てから遠ざかってしまいます。そんなことにならないために、パパは「ストレスの解消の仕方」も心得ておくことが大切です。

子育ても家事も失敗して当たり前

失敗は誰にとっても嫌なことです。しかし、今まで繰り返し述べたように、100点満点を目指す必要はありません。それよりも、日々の小さな失敗からこそ身につくことがたくさんあります。

大切なことは、**「失敗してもいい環境」を早めにつくっておくこと**です。その基盤となるのがママとの関係性です。ママと仲がよいと、多少の失敗も、「なんとかなるよ」とお互いにフォローし合えます。

夫婦間のスキンシップもストレスの解消にはとても効果的です。例えば腕を組んで歩いたり、ハグをしてみたり、ちょっとした機会にふれあうだけでも、大きな効果が得られます。

「得意技」を身につけることも重要です。ボール遊びはパパじゃないとダメとか、パパの卵料理は家族みんなの大好物だとか、**パパならではの得意技を身につければ、自分に自信が持てるようになります**。適度に息抜きをしながら、パパとしての成長を楽しんでください。

疲れたときのリフレッシュ方法

体の動きを意識して深呼吸

疲れてくると体が硬くなります。ランニングやジムに行く時間がとれないときは「深呼吸」です。ただ深呼吸するのではなく、体のどの部位が動いているかを意識してみてください。おなかが動いているのか、横隔膜が動いているのか、肋骨が広がっているのかと、体の動きに集中すると、自然とリラックスしていきます。

音楽を楽しむ

疲れているときは、テレビをただ見ているだけでも消耗してしまいます。そんなときは、頭に入ってくる情報を少なくして、音だけにします。例えば、青春時代によく聴いていた音楽をかけて当時を思い出してみましょう。音楽だけを聴いている時間が贅沢に感じられるようになり、心身ともにリフレッシュできるでしょう。

楽しく飲む

飲みに行くのがストレス発散になる人も多いでしょうが、「飲みに行ってくる」の一言だけでは「またパパばっかり飲みに行って」と、ママから不満に思われてしまいます。気持ちよく飲みに行くポイントは、誰と飲みに行くとか何時までに帰ってくるとか、ママに自分の状況や約束を伝えて、了解を得てから出かけることです。

愚痴をこぼす

「今さら言ってもしょうがないことだから……」と口をつぐむのではなく、「嫌だったなぁ」とか「疲れたなぁ」という気持ちを誰かに話してみましょう。他人を非難するのではなく、自分がどんな出来事に気分を悪くしたかを言葉にしてみることで、頭の中が整理され、感情も気分もスッキリするでしょう。

COLUMN

100点満点は目指さず、笑顔でいられる子育てを

子育てで疲れていても、かわいい子どもを前にするとどうしても無理をしてがんばってしまいます。しかしそれが原因で気持ちに余裕がなくなり、夫婦関係までギクシャクしてしまうことがありました。限界を感じ、思いきって家事・育児の手を抜いてみることに。朝子どもを起こす声かけは1回だけにするとか、食事の片付けは子どもたちに任せるとか、「やらなければいけない」と思ってやっていたことを減らしました。最初は罪悪感がありましたが、意外と影響がないものです。そのうち、手を抜いていいところと、いけないところもわかってきて、それまで以上に子育てを楽しめるようになりました。

工藤賢司さん

43歳
嘱託職員

長女13歳
次女10歳

●著者
NPO法人 ファザーリング・ジャパン
「父親であることを楽しもう＝Fathering（ファザーリング）」と思うパパたちを増やし、子育てを支援するため、2006年に設立。全国で年間1000回を超えるパパ講座・イクボス講座、セミナー、イベントなどを実施している。「働き方改革」を推奨する企業や行政と連携した取り組みも多い。支部団体を有し、会員数は400名を超える（2017年12月現在）。

【企画・編集】高祖常子、林田香織
【執筆者】
代表理事／安藤哲也
顧問／小崎恭弘
理事／川島高之、東浩司、横井寿史、塚越学、村上誠、高祖常子、ぼうだあきこ、林田香織、徳倉康之、篠田厚志、内木場豊、西村創一朗
社員／滝村雅晴
会員／久留島太郎、三木智有、大橋博樹、荒木正太、工藤賢司
SpecialThanks／NPO法人ファザーリング・ジャパン会員、およびマザーリングプロジェクトメンバーの皆様

● STAFF
本文デザイン　　清水真理子（TYPEFACE）
イラスト　　　　田島マサヒロ
編集協力・DTP　　株式会社エディポック
校正　　　　　　くすのき舎
写真提供　　　　（P117）左：venusangel／PIXTA　右：YNS／PIXTA
　　　　　　　　（P120）上：マハロ／PIXTA　下：YsPhoto／PIXTA
　　　　　　　　（P121）レイコ／PIXTA

家族を笑顔にする　パパ入門ガイド

著　者　NPO法人 ファザーリング・ジャパン
発行者　池田士文
印刷所　凸版印刷株式会社
製本所　凸版印刷株式会社
発行所　株式会社池田書店
　　　　〒162-0851　東京都新宿区弁天町43番地
　　　　電話03-3267-6821(代)／振替00120-9-60072

落丁・乱丁はおとりかえいたします。
©Fathering Japan 2018, Printed in Japan
ISBN978-4-262-16437-3

本書のコピー、スキャン、デジタル化等の無断複製は著作権法上での例外を除き禁じられています。本書を代行業者等の第三者に依頼してスキャンやデジタル化することは、たとえ個人や家庭内での利用でも著作権法違反です。

19013003